U0451450

社会学名著译丛

背弃圣约
处于考验中的美国公民宗教

〔美〕罗伯特·贝拉 著
郑莉 译
刘军 校

商务印书馆
The Commercial Press

Robert N. Bellah

THE BROKEN COVENANT

American civil religion in time of trial

Licensed by The University of Chicago Press, Chicago, Illinois, U.S.A.

Copyright © 1975, 1992 by The Robert N. Bellah 1984 Trust.

All rights reserved.

根据美国芝加哥大学出版社 1992 年版译出

社会学名著译丛

总序

学术名著，经典之谓也，通常是指学术大家所撰文本及其思想。中国文化传统强调诗言志、歌咏言、文以载道，在这样的文脉里大家其人与其文本及其思想之间是互为表里、相互佐证的。在中国学术传统里，经典历来居于核心地位，始终是人们关注的中心。或如有人所说，在这一领域，所有后来者都是踩着巨人们的臂膀向上攀登的。言外之意，在社会研究领域，人们讲究传承下的创新，向不轻言"前无古人，后无来者"，更不轻信什么"顶峰"之类。这点与自然科学适成鲜明对照。自然科学追求的是一种科学的真理，它是一种约定性的、假设性的、命题性的真理。这是一种工具性的标准，故它关注真理标准以及证实真理即经验检验的前提——方法论问题。简言之，这是一种有用即被采纳的实用理路。因此，自然科学的某些成就可能在相对较短时间里譬如几年、几十年就会被超越、被颠覆。而社会科学追求的真理首先是一种存在的属性，其次才是一种命题的属性；一个人是否拥有真理，端赖于他与某一"此在"或体现真理的实在是否保有共享关系，因而，这种真理是一种存在的真理，这是一种目的性的标准。存在真理要有意志论的和形而上的预设：意志论预设关乎能对人的行动起激励作用的情感和愿望方面，而形而上预设则有关实在之本质的认识论和本体论方面。这样说并不否认社会研究也有其方法论的方面,而是说它与意志论和形而上相比只居次要地位。不消说,后两方面都与研究者本人的传承、学识、洞见、表达能力等学术修养方面有诸多关联。这也是在社会科学领域大家及其文本居于核心地位的存在理据。

社会学从创立之初,就自我期许要把社会研究变成一门科学并以此作为追求的目标。正是在这种观念影响下,强调以自然科学方法和成就为模本几乎成为这门学科一百多年来发展的主流。但这并不构成实证主义所主张的统一科学观要求社会科学要像自然科学那样仅把经验事实视为思想的源头并减少对经典关注的理由,因为经验主义在关注经验事实的同时却忽略了选择事实所依据的启示性原则。这种启示性原则本身就是一种前提预设,一种本质上先于经验的理性思考。社会科学的探究毫无疑问要以经验事实为依据,但同样明确的是,社会研究除了经验事实之外还要关注能对经验观察提供启示的那些原则,即还要有超越经验的理性思辨。从知识社会学的传统来说,社会学就是这样地处于经验论与先验论、实证论与唯理论之间的对立张力中,因为它所要研究的是由人们的行动结果所造就而成的社会现象;社会现象固然有如一般客观事实那样外在的第一级表层物理结构,但它还有其内在的属人的第二级深层意义结构;它毕竟不只是物理学意义上的物,而且还是由意义动机引发的行动所构成的现象,即社会的物,亦即由观念构成的实在。职是之故,社会学自十九世纪上半期创立迄今一百多年来的发展,不仅在经验观察、量化研究上取得了长足进展,而且在标志人类理智成长的社会理论领域更是江山代有才人出,造就成群星璀璨、相映生辉的繁荣景象。

由这些大家阐发的不同启示性原则之间也有歧见,因为每一种原则都是基于自身原理对外物的一维解释，只要坚持首尾一贯性做到逻辑自洽，就都具有自身的合理性，但又不能自诩是对外物穷尽无遗的把握。这些启示性原则并不具有像自然科学中那种在时间中流动呈线性累积的进步特征，而是一种抽象的、一般性的约定。故科学研究越是抽象化、一般化，其具有的累积性特征就越少。这些启示性原则与其说是关于外在世界的真理性标准，毋宁说只是提供了关于这一标准的最低程度的共识，一个共同的参照点。它仰赖于一个特殊的文化共同体相对一致的利益、旨趣和偏好的支撑，表现了个人从审美上、哲学上、诠释上、观察等方面上对作为现代性之生命的体验、理解和领悟的表意能力。归根到底，作为这些启示性原则之结晶的经典，类似一种顿悟式的人类理智能力的偶然性（个体性）贡献。它或由于对人类精神状态和主观倾向的睿智洞察如涂尔干的宗教社会学之穿透力，或由于对经验世界的复杂性、敏锐性重构如马克思对资本主义和商品及其规律的揭示，或由于对意识形态和道德价值的评判如韦伯对新教伦理的诠释，而成为经典并进入社会科学研究的关注中心，进而构成社会理论中具有范式般指导意义的三大传统，为人类理智在社会领域继续向上攀登奠定了基础。

人们通常把这些大家们在认识社会和解释社会事实所表现出的想象能力、穿透能力和批判能力直白地称为"社会学的学科意识"，意即经由一代代大家们累积起来的学术素养和传承，包括他们强烈的社会关怀的情愫，这些是社会学的"根"或"灵魂"。社会学如果丧失了自己在认识社会和解释社会的学科意识，也就是失掉了自己的灵魂，无异于取消了自己存在的理据。这里强调大家及其文本在认识社会中的核心地位，目的在于克服时下一些号称"实证研究"的著述只罗列经验事实不做理论思考的流弊，避免由此导致对社会现象的单面、一维的理解。对社会学来说，所谓增强学科意识，除了参与、观察变革社会的实践之外，就是要提倡阅读经典、研究大家，舍此别无他途。

商务印书馆几十年来坚持不懈地推介"汉译世界学术名著丛书"，哺育了几代学人，对于促进中西文化交流和提升汉语学界学术水准居功至伟，海内外华人学界同仁有口皆碑。现今又专门辟出社会学名著译丛系列，这一举措对于充实和扩展汉译世界学术名著丛书的规模效应可谓锦上添花，而对社会学知识的普及和提升研究水准不啻雪中送炭，可说恰逢其时。

谨以上述感怀序写于丛书付梓之际，并与社会学界同仁共勉。

苏国勋

于 2006 年岁末

目　录

第二版序言 ·· 1
序言 ·· 9

第一章　美国的起源神话 ·· 19
第二章　作为被上帝拣选民族的美国 ···································· 58
第三章　在美国的救恩与得胜 ·· 87
第四章　本土主义与美国的文化多元主义 ······························ 114
第五章　美国关于社会主义的禁忌 ······································ 141
第六章　新美国神话的诞生 ·· 168

后记　宗教和美利坚共和国的合法化 ···································· 194

第二版序言

通过再版平装本《背弃圣约》，芝加哥大学出版社给我一个回头检视公民宗教问题的机会，让我有机会说说我最初是如何进入这个领域的，并对目前关于这个问题的讨论的状况予以评估。

在《背弃圣约》的初版序言中，我提到我成长于美国一个相当传统的新教和爱国主义的环境中。但是我似乎没有提及后来对我产生重要影响的一件事，那就是我受教于洛杉矶公立学校，那时约翰·杜威进步教育的影响依然很大。至少从四年级开始，"民主"一词就在我的教育中发挥了重要作用，因为班级已经按照民主的方式组织起来了，即学生们要对我们应该如何组织并完成自己的工作负责。我们完成了关于自己和外部社会的多个项目，它们体现了杜威的理念：将课堂作为民主学习的本质和过程的一个缩影。我在初中和高中都参加了学生会，这在我就读洛杉矶高中的最后一个学期达到了顶峰，那时我是一份日报的编辑，参加这些活动不仅使我感到学生参与民主过程的重要性，而且它从一个有利的角度批判了我们离自己的理想还差多远。

我在哈佛大学期间对美国社会的疏离，不仅出于我对成长地南加州肤浅文化的极度厌恶，而且部分基于我对美国民主理念的一种判断。由于受到家庭、教会以及最直接的学校的影响，这种判断已被内化到心灵深处。我决定在本科时学习社会人类学专业，硕士时研究东亚，尤其是日本，这些都与我渴望了解全然不同于我自己的社会——像普埃布洛人（Pueblos）和纳瓦霍人（Navahos）一样的部落社会①，或者像日本一样的异域文明——有关。在那里我可以感受到某种程度的文化真实性，而这正是美国社会中所缺少的。1960—1961年我在日本做富布莱特学者，尽管我从日本的文化经历中获益良多，但那段时间对于提醒我自己是多么地美国化很有帮助。

在日本的大学里做关于美国公共生活中的宗教的系列讲座，是我作为富布莱特学者应尽的义务，这些讲座成为我后来关于公民宗教论文的萌芽。日本人对于政教分离的困惑是可以理解的，因为我们的实践与占领日本期间我们坚持让日本人做的事情似乎不完全一致。我记得二战后第一批访问美国的日本神道僧侣，他们在20世纪50年代早期参观完华盛顿特区抵达剑桥后，问及他们为何被要求根据政教分离的原则将靖国神社（在东京用来存放那些战死士兵牌位的地方）私有化，而与此同时阿灵顿国家公墓却是在联邦政府的主持之下祭拜的。我不得不解释美国的"隔离墙"从未像一些教条的理论家所认为的那样密不透风，实际上第一修正案中不建立国教的条款并不意味着宗教在公共生活中不发挥任何作用。我从约翰·F.肯尼迪的就职演说中抽取若干处提及上帝的地方，作为我在日本进行富布莱特讲座的主题。

20世纪60年代早期对美国来说是一个乐观主义的年代，当时

---

① 普埃布洛人和纳瓦霍人是美国印第安部落中有代表性的两支，住在亚利桑那东北和新墨西哥西北的若干地方。——译者（如无特殊说明，本书注释均为原书注。）

民权运动给我们的社会带来了久违的变化,并实现了我之前早已不抱希望的某些民主理念。然而我对自己国家更为积极的态度却因其突然卷入越战而发生动摇,我很早就认为越战是一个可怕的错误。1965年,当我相当勉为其难地为《代达罗斯》(Daedalus)杂志写一篇关于美国宗教问题的文章时,我选择了美国公共生活中的宗教这个主题,并以对越战强有力的谴责作为结语。那篇论文就是发表于1967年的《美国的公民宗教》①一文,它改变了我生活中许多重要的方面。这篇文章产生的反响远远超过我之前发表的其他文章。为了回应由这篇文章所引发的各种写作和讲演的邀请,我不得不让自己恶补一下对美国的研究,而那正是我一直有意避开的东西。在此我所关心的内容既是实践的,也是智识的。我感觉如果我的同胞们认为我不得不讲的内容有趣且有益,并且如果在我的国家中有一些行动大声疾呼公众参与的话,我就不能从我的新美国受众那里抽身返回到我所选择的日本研究领域中去。

1973年我在辛辛那提的希伯来联合学院做了一系列讲座,后于1975年以《背弃圣约》为题出版,这转而使我步入了一个密集的演讲年,即美国建国200周年的1976年。到目前为止,我关于美国公民宗教最实质的表述都体现在《背弃圣约》一书中。本书阐明了我想通过这个术语表达以及不想表达的意义。我也着重指出了,我所看到的运行于我们国家生活之上的公民宗教的传统处于危险的边缘。我认为,仔细阅读本书会消除围绕这一术语所产生的诸多误解,至少像我使用该术语时一样。

---

① "Civil Religion in America", *Daedalus*, Vol. 96, No.1, Winter, pp. 1–21.

但是，随着公民宗教主题逐渐成为一个小型的学术产业，以及由这一主题所衍生的各种大会、小会和专题讨论会，我越来越担心所有的问题都陷入到对公民宗教定义的论争中，而忽视了问题的实质。尤为令我痛心的是在某些领域那种几乎根深蒂固的倾向，即将我所说的公民宗教等同于对国家的盲目崇拜。由于我从最初的文章开始就一直强调凌驾于国家之上的神圣审判要素，并引用林肯第二次就职演说中一些著名的演说词作为我的核心内容，所以我不免认为这种对公民宗教的解读令人厌恶。这并不是因为我没有意识到那种盲目崇拜信仰的存在，而是因为我坚持认为这是对核心的和规范的传统的曲解，而且这种盲目崇拜在历史上更经常地由牧师而非政客来宣传。如果用一种最违背常情的历史表述来评判基督教的本质，有些人肯定会非常震惊，但是如果对美国公民宗教做同样的事情则没人觉得有何不妥之处。

无论如何，我自己的关注点并不在定义上，甚至不在理论上，而更多的是在实践上。《背弃圣约》一书事实上是一本描述试图去改变美国的悲壮史诗，当然，很多人也是从这个角度去阅读这本书的。但是这并不能阻止那些有关定义的论争，以致到了1980年我已经准备弃用这个术语。《公民宗教的多样性》① 一书是菲利普·E.哈蒙德（Phillip E. Hammond）和我在那一年合作出版的一本论文集，这本书变成了我关于公民宗教的绝唱。这本书收录了我早在1978年发表的一篇论文《宗教和美利坚共和国的合法化》②，这篇文章作为

---

① *Varieties of Civil Religion*, Harper and Row, 1980.
② "Religion and the Legitimation of the American Republic", *Society*, Vol. 15, No. 4, pp. 16–23.

后记被收录进再版的《背弃圣约》中，它也是我最后一次绝望地努力去捍卫公民宗教这个术语。与此同时，我还挖掘了这个术语在主题方面所具有的深刻歧义性。我相信这篇论文包含了对我曾发展的公民宗教思想在理论上最成熟的辩护，而且其核心观点基本上是正确的。然而《公民宗教的多样性》一书的总体方向超越了那个时代对此术语的争论。在那本书的序言中，我提出不管是否有类似于美国的公民宗教的存在，政教问题都内在于所有的文化中。尽管那本书中有几篇文章是关于美国的，但是其果断地转到了一个比较研究的方向，作为其解决更大问题的最有希望的研究方法。

在我与理查德·马德森（Richard Madsen）、威廉·M.沙利文（William M. Sullivan）、安·斯维德勒（Ann Swidler）和史蒂文·M.蒂普顿（Steven M. Tipton）合著的《心灵的习性》[①]一书中，"公民宗教"这个术语没有出现。我的四个合著者与我谈及了"圣经的与共和的传统"，我们认为它与美国历史的现状密切相关，而且我们支持这个术语在现代重新使用，以对抗在功利主义和表现主义形式下的极端个人主义。这种极端个人主义近年来似乎正在将古老的传统驱赶到我们文化的边缘。回头来看，关于这个术语的决定似乎是明智的，因为在由《心灵的习性》一书激起的所有讨论中（有时是十足的谩骂），那些问题依然是实质性的，而非定义性的。

有些读者将《心灵的习性》一书误读为一本关于新教的书，另一些更为细心的读者则注意到了它与《背弃圣约》一书的区别，以及《心灵的习性》一书并没有达到令人悲叹的地步。有些读者甚至

---

① *Habits of the Heart*, University of California Press, 1985.

从中发现了乐观的一面，尽管乐观主义抑或悲观主义全凭个人好恶。其实在《心灵的习性》写作小组中，我是唯一的盎格鲁-撒克逊白人新教徒：四位合作者中有三位是在天主教家庭中长大的，另一位则是犹太人。两本书之间的区别既体现在内容上，也体现在语气上。《背弃圣约》是以在旷野中呐喊的先知的口气，交替地谴责和哀叹他的人民，而《心灵的习性》及由同样这五位作者所写的续作《好社会》①，则以一个公民群体的身份对我们的同胞说话，批评一些事情，但更为确定的是激发和提供关于公民权与教权的有效例证，即便不是乐观主义的，至少也是满怀希望地憧憬未来。我们不是发出个人的声音，而是从一个共同体内部（实际上是很多共同体，但首先是这五个作者的小共同体）向其他交叉的共同体，最终向整个世界发声。如果《背弃圣约》表达的是保罗·蒂利希（Paul Tillich）所谓的新教原则，那么强调公共利益的新近著作也许可以看作他所谓天主教原则的一种表达。我并不想暗示我们的关注点是排他的，因为不论是在宗教层面还是在政治层面，我们都希望是普适性的，而且我们大体上是被这样认可的。

在《心灵的习性》和《好社会》两本书中，我的合著者和我都提及了"公共教会"（the public church），这是取自马丁·马蒂（Martin Marty）的一个术语。这一术语仅仅表述了公民宗教某一方面的主题，即我在《宗教和美利坚共和国的合法化》中所称的基础方面，但是以一些更少引起争议的方式，关于公共教会的讨论延续了公民宗教论争中所提出的问题。作为"公民权的学校"的宗教组织在现

---

① *The Good Society*, Alfred A. Knopf, 1991.

在的美国政治生活中仍然是一个非常重要的元素,就如同它在托克维尔时代一样。我们并不是说,宗教组织是为了强化公民身份而存在的;而是说,如果要正确地理解在宗教生活中具有首要地位的信徒身份,就需要一个民主或试图更加民主的社会中的公民权。

关于公民宗教的文献非常广泛。詹姆斯·A.马西森(James A. Mathisen)最近在他的论文《贝拉之后的二十年:美国公民宗教发生了什么?》①中进行了文献回顾。他做了非常出色和公正的文献概述,使我在此不必梳理同样的材料。马西森意识到关于这个主题的学术兴趣在20世纪80年代有所下降,他无疑是正确的。但是,罗纳德·里根对爱国主义象征的使用,以及最近乔治·布什在海湾战争期间对爱国主义的呼吁,仍然被当作公民宗教的例子。当然,从我的角度来看,这些都是非常扭曲的例子。自由派还没有找到一种有效的方式来更好地唤起美国人的爱国主义本能,或者更确切地说,唤起美国人普遍具有的、更深层次的道德本能。在我看来,这既是实质上的不幸,也是策略上的灾难。对于公民宗教一般性的负面回应以及持续地歪曲解释,也许暗示了美国极端个人主义的自由主义文化资源的某些弱点。我赞同自由主义对我们当下社会发展趋势的大部分诊断。我相信,如果我们要为美国的民主变革确立一种公共意志的话,那么无论如何,我们要从我们的传统中汲取比大多数自由主义者所能想象得到的、更为丰厚的资源。

不管怎样,《背弃圣约》所提出的问题绝没有过时,太多的问

---

① "Twenty Years after Bellah: Whatever Happened to American Civil Religion", *Sociological Analysis*, Vol. 50, No. 2, Summer, 1989, pp. 129-146,我的回应以及作者的反馈, pp. 147-149。

题仍然是当代议事日程上迫切需要解决的。我希望本书的再版能对公共讨论做出应有的贡献，没有这样的公共讨论就不能指望一个真正的、民主的美国的复苏。

加利福尼亚，伯克利
1991年10月

序　言

本书六章最早是我1971年秋天在辛辛那提的希伯来联合学院/犹太宗教研究所做威尔讲座时的内容，其后我也在其他学校的讲座中提及过书中的部分内容。尽管本书屡经修改，但原稿中的口语特征似乎仍然值得保留。因为正式演讲也许是有意识的美国式表达中最地道的形式，所以本书保留这种传统风格似乎是可取的。

首先，我愿意承认我是一个业余的美国学家，但是我希望我不是一个"业余"的美国人。本书的价值不在于其披露的新资料，而在于对这些资料的诠释。虽然全书采用了许多其他学者的研究成果，他们大部分是历史学家、文学评论家或政治科学家，但是本书的主要资料均源于17世纪以来美利坚民族书面和口语表达中的原始素材，它们散见于各章节。本书试图以美国20世纪末出现的问题为切入点来理解美国传统的核心特征，用现在解释传统，用传统解释现在，继而在过去与现在之间架起沟通的桥梁，以提升自我认识。[①] 与用社会的或经济的变量分析美国社会的研究进路不同，本

---

① 尤尔根·哈贝马斯（Jurgen Habermas）将"历史诠释学"的方法描述如下："传统意义世界仅在阐释者自己的世界得到澄明之时才会将其自身展现（转下页）

书试图从文化意义而非社会学的角度分析和解释社会现象,尽管后者在研究过程中不可或缺。我认为,这两种研究进路应是互补而非互斥的。

我成长于20世纪30年代末和40年代初,当时,很少有人质疑新教教义或被视为美国传统价值观的东西。在我的个人体验中,美国在伟大的反法西斯斗争中所发挥的领导作用使少年时代的我对美国社会持一种深信不疑的态度,直到1945年高中毕业我才开始对我身处其中的社会产生了一些初步的怀疑。可以说,我个人的经历与40年代中期以后出生的人迥然不同。虽然我现在并不认为我青少年时代所接受的宗教和意识形态教育是一种对美国传统完全真实的解读,但是与过去相关的一连串主观感受是一种不可磨灭的经历,它无疑影响了我当下的认知。而当我与美国价值观决裂时,我也曾非常激进,曾有一段时期,我几乎完全拒绝我身处其中的社会。① 那段经历也必然对我现在的观点有所影响。在最近的十五年中,我对美国的态度一直处于肯定与拒绝的张力——爱恨交织(*odi et amo*)——之中。我知道在所有俗世的社会中,唯有美国社会是我的社会,我对此并不遗憾。然而通过客观的观察和个人的悲情体验,我也知道美国社会是一个残酷而苦涩的社会,与其最高理想确

(接上页)给阐释者。认识主体在这两个世界之间建立沟通。他通过将传统运用于自身及其情境以理解传统的本质内容。"《认识与人类旨趣》(*Knowledge and Human Interests*, Beacon, 1971),第309—310页。

① 在此无须重复自传的细节。它们已经被收录在《超越信仰:后传统世界宗教文集》(*Beyond Belief: Essays on Religion in a Post-Traditional World*, Harper and Row, 1970)一书的序言中。

实相去甚远。

我猜想,如果美利坚合众国本身不是主要建立在乌托邦式的千禧年盼望的基础上,那么这种张力对于我乃至其他美国人而言就绝不会如此巨大。我们将在本书中探究这些盼望的宗教基础及其所遭受的失真与变异。但我并不会像其他论者那样做出应当全盘否弃美国的宗教道德传统的结论。对政治系统的祛魅化努力,即用技术-理性的政治模式代替宗教-道德模式,在我看来并没有好处。事实上,这只会恶化某些趋势,而这正是我们的核心问题。如果我们的核心问题如我所料想的那样在于道德甚至宗教,那么企图用纯粹技术化的、组织化的考虑绕开道德和宗教问题,只会让情况更糟。也许在此对全书的内容做一个概述将会有益于读者。

社会学最古老的普遍共识之一是,任何团结而富有活力的社会都建立在对个人及社会行为的好与坏、对与错的道德共识基础之上。另一个广为接受的观点是,这些道德共识也相应地建基于宗教共识之上。后者提供了一幅世界图景,并由此使得道德共识言之有理。这种道德和宗教共识既为与之近乎一致的社会提供基本的文化合法性,也为批判与之背道而驰的社会提供评判的标准。对于道德、宗教、合法化与批判之间关系的这种认识,过去及现在的论者多有异议,在本书中我仅仅假设这些关系是存在的,而并不会为此辩护。正如我在本书中试图阐述的,在18世纪存在一套宗教与道德共识,这些共识来源于基督教的上帝,或者至少是自然神论者所信奉的上帝之下的神圣秩序观念。这些被认为是从神圣秩序推演而来的基本道德规范包括自由、正义、仁爱等,它们在神学和道德话语的语境下为人们所理解,并形成了将个人德性视为一个好社会的必要基础这样的观念。

"德性"一词在今天近乎消极的意义说明了我们现在已经远远背离原初的宗教与道德共识。与"德性"的堕落仅一步之遥的是在另一种当下的语言用法中,用"坏"来表示"好"。我并不想说18世纪的人们比现在的人更良善、更有道德。当然,语言、道德与行为间的关系并不是这么简单。但是语言受到的侵蚀正是共同意义受到侵蚀的表征,在我们的社会中有大量的证据能证明这种侵蚀的存在。如今已有大量统计资料表明,宗教、道德共识受到的侵蚀体现在责任感的弱化上,包括对职业、家庭和国家的责任感等。将自己的满足凌驾于对他人的责任之上的倾向与人们对社会既有的社会、经济、政治制度持强烈的犬儒主义态度密切相关。人们感觉社会的基本制度是不公正的,并且总是牺牲多数人的利益为少数人服务,这种感觉如今被用来证明道德义务不适用于个体自身。

由于一些人对美国各种制度所具有的道德效力不再抱有幻想,这让他们产生一种强烈的不公正感,并竭力寻求一个更加公正的社会。然而对大多数人来说,这种情况只会导致他们对那些能够按照自己意愿操纵社会系统的极少数人无比膜拜,并且期望自己能够效仿他们,即使不能在现实生活中做到,也愿意这样去幻想。不难看到,一直为传统道德提供宗教框架的主流教会(包括新教和天主教)正处于混乱解体的过程中,它们的收入在下滑,信众在减少。同时教会自身与其他已建立的机构遭到人们同样的质疑。社会中的一些特殊部门对这样的道德和宗教侵蚀现象有着非常重要的抵制倾向(关于这一点,本书将在后面加以探究),既有保守倾向要求回归到旧有共识中去,也有激进倾向要求去创建新的共识。但是总体上说，社会中最主要的倾向似乎仍然是侵蚀，而不是复古或者重建。

道德和宗教共识受到的侵蚀并不等同于日趋严重的道德和社会腐败，尽管在当代美国社会已有诸多证据证明后者的存在。人身和财产犯罪的日益增多有许多原因，其中罪犯对于这种犯罪行为的不道德感的下降显然是原因之一。比如，社会各阶层参与商店盗窃的犯罪率不断上升就是一个典型的例子，尤其是当一些绝非激进分子的年轻人借口说，他们"不过是从资本家那里劫富济贫而已"时。更为严重的例子是我们最近听到太多关于政府和企业高层的道德败坏，不管人们如何大声疾呼，掌权者的内在道德约束是否真正得到加强依然值得关注。

然而，与俯拾皆是的道德败坏现象相伴的是对道德行为标准不断提高的压力。18世纪的美国人除极少数人外均容忍蓄奴制，当代已无人容忍；19世纪的美国人容忍对移民和少数族裔的暴力和歧视行为，当代已无人容忍；20世纪早期，即使妇女已被赋予投票权，人们还是普遍认为妇女地位应低于男人，当代已无人这样认为。尽管在对待黑人、少数族裔、妇女的问题上我们还有很长的路要走，但是无需争辩，在这些方面我们做得比历史上的任何一个年代都好。

与道德责任感下降相伴的是分配正义感的提升，这个悖论可以部分地解释为这两种现象都受到了共同价值系统中最后残存的要素——个人自由的影响。在17和18世纪，如读者将在本书中看到的，自由是道德和宗教价值体系中完整不可分割的一部分，这种自由指的是做善事的自由，它几乎与德性是同义词。在18世纪末兴起、并在19乃至20世纪站稳脚跟的功利主义批判的影响下，自由逐渐演变成追求个人利益的自由，后来被定义为"做自己事情的自由"。在某种程度上清教徒和早期共和党人关于"善"和"德性"的观念过于狭隘，过于受压制性社会和心理机制束缚，以及过于屈从于对特定社会秩序的维护，所以功利主义的批判是真正的一种解放。在某种程度上功利主义的批判自身无法为一个独立运行的社会构筑道德-宗教背景，它不得不求助于与它不断破坏的传统道德模式的不和谐共存。随着古老道德模式说服力的下降，利益成为对人们的行为动机进行分析和评估的仅存范畴。发展到现在，利益已经完全取代了我们道德词汇里的德性和良心。

利益本身是一个有效的考量，并且毫无疑问一直是传统道德思想体系的一部分。但是，已经成为美国公共道德主导模式的常识性的功利主义却将利益从更大的传统背景中剥离出来，仅仅从孤立个体的自我利益来理解它。无论是缺少对社会和宗教现实更大认同的"自我"的观念，还是缺少应尽的忠诚和责任的"利益"的观念，它们能否为一个独立运行的社会提供一致的道德规范，这都是可以怀疑的。从这样的实验结果来看，当今美国社会的现状显然是无法令人振奋的。而且我们必须记住，不管古老的道德规范遭到怎样地破坏，其残余依然为我们的社会提供了主要凝聚力。

功利主义道德中的自我利益仅仅是一个更大的社会与文化复合体中的一个要素，它在最近两三个世纪里逐渐占据了支配地位。在那种复合体中，科技进步、市场经济和工业资本主义也是相当重要的因素。美国商业或工业资本主义的兴起不能用来解释或决定任何事情，但这显然是一个不可忽视的事实。这种经济组织模式和扎根于西方文化的某些道德、认知文化模式之间的亲和性无疑有助于解释为什么功利主义和科学成为了现代美国如此核心的文化形式。作为一种文化形式，资本主义、功利主义和科学的复合体有其自身的世界观，甚至有其自身的"宗教"——尽管这毫无疑问是此世的宗教，以及其自身的乌托邦主义：完全技术控制的乌托邦主义，所有这一切当然都服务于自我利益的"自由"。这种复合体的政治表达是政治社会的技术调控概念，在这样的社会中，国家被视为在彼此竞争的利益集团中一个本质上中立的仲裁者，这些集团间的竞争与对抗的压力被确信可以保证全体的利益。

我已经简要勾勒出了理性的、技术的和功利主义的意识形态的轮廓，对美国社会的大多数批判都建立在接受此意识形态的基础上，这种批判主要关注于这种模式的运转实际上并不理想的程度：国家无法在不同利益群体间保持中立，一些美国人的自我利益得到了很好地满足，而另一些美国人则没有等。本书的批判意图与此截然不同。我希望在本书中说明自由功利主义模式并不是美国基本的宗教和道德观念，尽管后者在朝着自由功利主义模式的方向发展。美国原初的宗教和道德观念建立在对生活充满想象力的宗教和道德观念基础上，它考虑到了比功利主义模式涵盖范围更广的社会、道德、审美和宗教需求，并且直到现在仍在发挥作用。我并不提倡这种早期宗教和道德观念字面上的复兴，我希望让大家看到的是，只有在一个新的、充满想象力的宗教、道德和社会背景下，科技发展才有可能使我们经受住20世纪末即将出现的各种问题。我相信，如果资本主义与功利主义的混合持续占据统治地位，如果继续相信科学是通往真理的唯一途径，那么这必将加速美国社会的毁灭，或者为了避免这样的毁灭，而陷入"美丽新世界"的技术暴政中去。

然而，我并不想提供关于好人与坏人的一个简单脚本。我并不认为美国的神学家和诗人都是圣人，而实业家和技术员都是恶魔。我们的技术理性成就一直让人震惊，如果这些技术理性能够具备一种真正的人文关怀，那么它将极大地缓解美国和全世界所遭受的困苦。我试图理解并再次部分借用宗教传统和道德的自我认识，但是我不能在我们当下面临的考验中为其开脱责任。清教徒先辈们所拥有的圣约（covenant）和德性的观念恰恰是我们当今社会所迫切需要的。然而几乎从他们踏上美洲这块土地那一刻起，他们就破坏了那份圣约并开始做不道德的事。

美利坚的历史是阴沉忧郁的，充满了伟大的成就和滔天的罪行。在我们的社会中所积聚的财富和权力远远超过历史上任何其他社会。我不确定美国人民或者任何其他人类群体是否已经拥有这样的智慧去使用这么多的权力而不会导致自我毁灭。但是我相信，要获得那样的智慧，首先要对我们是谁和我们从哪里来这样的问题保持谦逊的态度。如果本书能够对人们获得这样的谦逊有些许贡献的话，我的努力就不是徒劳的。

F. O. 马蒂森（F. O. Matthiessen）是20世纪研究美国问题的最伟大的专家之一，当我还在哈佛读本科的时候，曾经听过他的讲座。他写的《美国的复兴》（*The American Renaissance*）是我所读过的关于美国的、最有智慧的一本书。他不仅是一个伟大的学者，他的一生也体现了美国文化悲惨的一面，谨以此书献给他作为纪念。

我需要感谢很多人，其中，我特别感谢我在希伯来联合学院/犹太宗教研究所时弗兰克·L. 威尔（Frank L. Weil）基金会的主席塞缪尔·桑德曼（Samuel Sandmel）教授对我的热情款待，桑德曼博士和他的妻子以及这个机构的其他人使我在辛辛那提度过了一段非常愉快的时光。同时也感谢康拉德·彻丽（Conrad Cherry）和伊莱·萨根（Eli Sagan）仔细地阅读了本书的手稿并提出很多宝贵意见，还要感谢茱莉亚·克莱兰德（Julia Cleland）夫人对这份手稿和此项目以及其他项目不懈地帮助和支持。

加利福尼亚，伯克利

1974年6月

第一章　美国的起源神话

1

在过去三个世纪的每个世纪中，美利坚合众国都要面临一次考验，每次考验都异常严峻，以至于不仅我们国家的组建形式，甚至我们国家的存在都受到质疑。自18世纪末美国从大西洋世界的革命危机中诞生以来，她所面临的第一次考验就是我们为争取独立和自由的制度而进行的斗争。第二次考验发生在建国百年后不久，当时维系联邦的统一以及将法律上的平等保护惠及社会中的所有成员，成为利害攸关的事情。目前，我们正处于第三次考验之中，与独立战争和内战时所面临的考验一样严峻。这次试炼考验我们承袭下来的制度是否可以创造性地用于解决20世纪以来国内外面临的正义与秩序危机；考验我们在18世纪落后的农耕文化中创立的共和主义的自由是否能够或者愿意成功面对大众社会和国际革命的年代；考验我们是否有能力在强大的经济和科技力量摧毁我们之前控制我们这些最伟大的成就。

从某种意义上说，美国人从建国之初就已经把他们的历史解读为具有宗教的意涵。他们认为自己是经典和圣经意义上的"民族"，他们希望自己是上帝拣选的民族，却常常发现自己成为了魔鬼的子民。像其他民族的历史一样,美国自身的历史中也存在反映了人类作为地球上的朝圣者和流浪者的一般状况的原型。建立在超验秩序体验的基础上,新移民们仍然像以色列人一样,习惯性地偏离神的呼召,而陷入偶像崇拜之中。先知们无数次地出来召唤祂的子民回到旷野中,去完成最初的任务和使命。由于为制度化人文价值的斗争在地球上永不停息,所以同其他国家一样,美国在建设公正社会中所取得的巨大成就始终夹杂着腐败和绝望。但是有些时候,问题会变得很严峻。在那些时候,历史向哪个方向发展均有可能。人们发现他们必须决定不远的将来是更好还是更糟,有时甚至还要决定是否有未来可言。

我希望审视美国宗教自我理解的历史,审视那些逐步发展出来的、帮助我们解释(在美国)我们是谁和我们是什么的神话。我还将探寻这些神话是否仍然有能力帮助我们理解并(知道如何)应对当下的处境。因此,当下的境况已经影响了我对过去素材的选取,但是我希望这不会左右我研究的结果。无论真相令人高兴还是沮丧,我们都需要真相。当致力于寻求美国人对于宗教的自我理解事实上发生了怎样的变化时,我从未置身事外。我相信在20世纪的最后这些年里共和制正遭遇危机。如果我们相信共和制值得挽救,我们必须首先知道我们想要挽救的究竟是什么,不应食古不化,而应寻找灵感以进行这些必要的改革、重建与重组。

尽管论及了政治理论和意识形态,本书主要关注的却是宗教和神话。我将特别重新审视美国公民宗教①以及支撑它的神话结构。我谈及的是公民宗教的宗教维度，它们在任何民族的生活中都可以找到，借此根据超验现实解释它的历史经验。我不打算在本书中抽象地辩论"公民宗教"概念的有效性，我希望通过事实来证明它是有用的。当使用"神话"这个词的时候，并不意味着所讲的那个故事不是真实的。但是，神话并不像科学那样力图描述事实。神话更多地寻求美化现实，以此为个人和社会提供道德和精神的意义。像科学理论一样，神话可真可假，但是对神话真伪的检验却有别于对科学理论的检验。

2

宗教的比较研究发现，一个民族对自身起源的想象很大程度上揭示了该民族最基本的自我认知，因此美国的起源神话是一个重要的切入点。乍看上去，美国起源的问题似乎是相对简单的。与历史上的大多数民族相比，美国建国的时间很明确，即 1776 年 7 月 4

---

① 关于这个主题参见我如下的一些文章：《美国的公民宗教》("Civil Religion in America", *Daedalus*, Winter, 1967)；《邪恶与美国的民族精神》("Evil and the American Ethos")，收录在内维特·桑福德和克雷格·科姆斯托克（Nevitt Sanford and Craig Comstock）编的《制裁邪恶》(*Sanctions for Evil*, Jossey-Bass, 1971) 一书中；《20 世纪 70 年代的美国公民宗教》("American Civil Religion in the 1970s", *Anglican Theological Review*, Supplementary Series, No. 1, July, 1973)；《关于美国现实的反思》("Reflections on Reality in America", *Radical Religion*, Vol. 1, No. 3, 1974)；《美国的宗教与政治》("Religion and Polity in America", *Andover Newton Quarterly*, Vol. 15, No. 2, 1974)。《美国的宗教与政治》一文的部分章节出现在本书的第一章中，《关于美国现实的反思》一文部分出现在本书的第六章中。

日。因此,当分析美国的起源神话时,我们必须密切关注《独立宣言》所蕴含的重要的神话意义。如果将起源的定义放宽一些,那么可以考虑将美利坚合众国的起源追溯到从《独立宣言》的发表到华盛顿在新宪法下的就职典礼这段时期。美国的建国始于一系列自觉的决定。体现这些决定的行为,具有一种绝对地创造历史的意义。如汉娜·阿伦特所说:"使最初的行动免于自身任意性的最主要原因是,这些行为有其自身的原则,或者更准确地说,起源和原则之间,原理(*principium*)和原则之间不但彼此相关,而且是共生的。"① 本书将把这些自觉地创造意义的行为,或者说自觉地对自己和社会负责的行为,当作美国的起源神话的核心内容。这种最初的从无到有的激进行动让人不禁联想到神圣的事物。宪法的神圣性与美利坚民族的存亡密切相关。这种神圣性在很大程度上正源于这样的行动,因为宪法从未,或者至少从未明确地依赖于高于宪法自身及其创立者的神圣性来源。这一点与独立宣言不同。②

然而,那些有确切时间的起源行动,尽管在当时看上去很激进,并且后来成为所有有关美国反思的原型,但它们自身便是神话般的示意,在开始及以后仅仅能唤起更早期的神话意象和象征,并对历史进行神话式的解读。在人类事务中,没有任何起源是全新

---

① 汉娜·阿伦特(Hannah Arendt),《论革命》(*On Revolution*, Viking Compass, 1965),第214页。

② 关于这一点,汉娜·阿伦特有如下说法:可以将美国国父们载入史册的丰功伟绩是这样一个简单事实:他们获得成功的革命在其他地方都失败了,也就是说,他们建立了一个稳定得可以经受后世检验的新政治体。至此,人们不由想到,这在联邦宪法开始被"崇拜"那一刻就注定了,尽管它尚未开始实行。同上书,第199页。

的。每种起源都是从先前事件的对应物中找出相似性和差异性，进而获得意义。事实上，当我们仔细审视美利坚合众国的最初时期，我们看到的不是一个单一的起源神话，而是一个具有许多内在张力的、复杂的、构造多样的神话结构。研究起源的一种方式是，审视在美国建国之前"美洲"①这个词丰富的神话意涵，这个意涵绝没有在美国建国的过程中被抹杀，而是随着这个新国家的确立以某些方式得到了强化。

3

从广义上说，美洲的起源神话就是起源本身。约翰·洛克指出，"全世界初期都像美洲"。②在这里，美洲指的是世界及人类最原始的状态。第一代欧洲移民曾经见过那种状态，并将这个概念作为这一时期最后的残余保留至今。全新是这个被称为"新"世界的一个显著特征，它不仅对于欧洲的发现者和探险者来说是新的，而且在某种质朴和绝对的意义上是新的：上帝之手创造的全新之地。这种不可磨灭的全新感受在历史上对我们既是福佑，亦是诅咒，至今仍在发挥影响。一方面这种对"新"的感受让我们没有归属感，感到我们的历史底蕴没有那么深厚，并由此让我们开始怀疑自己的身份，一些敏感的人甚至逃到更加古老的、拥有更规范传统的地方去。这种全新的感受也同时让我们对未来的发展更加开放，让我

---

① 根据上下文，此处将"America"译为美洲。——译者
② 约翰·洛克（John Locke），《政府论（下篇）》（The Second Treatise of Government），第49节第一行。

们感受到未来的无限可能性,让我们具有重新开拓新的土地、新的职业和新的意识形态的意愿。桑塔亚纳(Santayana)曾经这样说过,"人,乃至住所都易于迁徙的定居点在道德上是真空的,几乎没有人生活在他出生的地方,也几乎没有人相信别人传授给他的东西。"[①]然而,其他的欧洲人就很羡慕我们能不受古代制度制约而行动。

美洲的所谓全新的特点在早期欧洲观察者的意识中非常突出,尽管哥伦布"发现"美洲大陆(欧洲人的观点)近五百年了,但我们至今仍尚未超越这一点。不仅如此,这种"全新"的特点带来了另一个重要的后果。尽管美洲本土的动植物乃至印第安文化到1492年时已经在西半球有着相当悠久的独特历史,对于早期的探险者和阅读他们报告的欧洲人来说,这些动植物和文化的特征和细节却都被一种普遍的、对于"全新"的感受所吞没。取代这些特征和细节的则是被称为"自然状态"的白幕。在这种状态下,欧洲人将欧洲传统所承载的幻想、美梦和噩梦都投射了上去,但迄今为止人们很少发现它们之间存在任何生动具体的客观关联。带着对基督教及圣经传统中那些术语的各种丰富想象,美洲就这样被欧洲人想象成了伊甸园和旷野,更简单地说,欧洲人认为美洲既是天堂也是地狱。

---

① 引自詹姆斯·塞勒斯(James Sellers)的《公共伦理学》(*Public Ethics*, Harper and Row, 1970),第169页。值得一提的是,桑塔亚纳在1920年对美国人永久的性格特征的随意勾勒,今日的一些观察家却信以为真,而其只是今天年轻人的特征。

4

如我们在前一节看到的,洛克倾向于认为美洲处于自然状态。他将"自然状态"定义为"一种和平的状态,一种友善的状态,一种互助的状态,一种自我保存的状态",他还接着说,"人们根据理性平等地生活在一起,在尘世中没有一个共同的主宰在他们中间有权柄来进行审判,这恰恰就是自然状态。"① 这样的描述与最新发现的哥伦布对西印度人生活的描述惊人地一致。

> 这个岛上的人们,和我已经发现或据我所知的所有其他岛上的人们一样,无论男女都是裸体的,如同刚从娘胎里出生一般,尽管一些女人会用一片植物叶子或者专门编织的棉花网来遮挡私处。他们没有钢铁或者武器,他们也不适合去使用武器,不是因为他们没有好的体格和强壮的身体,而是因为他们极端恐惧。除了在成熟的甘蔗的顶端加一根削尖的短木棍可以称为武器之外,他们没有任何武器……他们如此纯真,对所拥有的一切都非常慷慨大方,以至于没有亲眼看见这一切的人都无法相信这是真的。只要有人向他们索要,他们从不拒绝,相反,他们还会主动邀请别人与之分享,他们做这些事时显示了极大的爱,仿佛要把他们的心掏给别人看……并且他们不知道任何信条,他们也不拜任何偶像,他们只相信权柄和美好在天

---

① 约翰·洛克,《政府论(下篇)》,第2章,4—9节。

堂上……（这）不是……因为他们是无知的，恰恰相反，他们是非常睿智的人，他们可以在附近所有的海面上游弋。①

哥伦布的描写与许多其他关于早期美洲印第安人的描写一样，都给人一种伊甸园般的印象，在欧洲人的想象中，这些描写很快就将裸体的印第安人与天堂里同样裸体的亚当联系在一起。最重要的是，印第安人衣不蔽体表现出来的纯真深深地打动了被无数清规戒律层层束缚的欧洲人的心，包括印第安人性关系的自由、缺乏任何可辨识的政府、财产的共享以及宗教信条或牧师的缺失等。让这个伊甸园图景更加完美的是，印第安人毫无侵略性。在这块富饶的土地上，水果随处可以采摘，打猎如同游戏，几乎所有好东西——包括金子——都唾手可得，人们当然不会有什么侵略性了。

尽管后来的经历开始展现出一幅关于这片土地和居民的截然不同的画面，但是人们仍然继续寻找书中提到的伊甸园，尤其是在拉丁美洲。哥伦布当时深信地球上的天堂一定在他所发现的美洲大陆的某个地方，并设想南美洲北部沿岸的淡水洋流正是来自那里。②那些缺乏想象力且冥顽不化的人还曾试图寻找黄金国、锡沃拉的七座黄金城以及不老泉。尽管英格兰殖民者对天堂的期待不如南美洲的殖民者，但这种期许仍足以让人们将马里兰描述成"尘世的乐

---

① 霍华德·芒福德·琼斯（Howard Mumford Jones），《陌生的新世界啊》（*O Strange New World*, Viking Compass, 1967），第 15—16 页。

② 乔治·H. 威廉斯（George H. Williams），《基督教思想中的旷野与伊甸园》（*Wilderness and Paradise in Christian Thought*, Harper Bros, 1962），第 101 页。

园",将佐治亚描述成"上帝应许的迦南地"。① 初到纽约的西西里移民期望大街是由金子铺成的,老妇人将毕生积蓄投资给加利福尼亚的土地开发商时期望"让沙漠开满玫瑰";这些都不过是关于新世界古老梦想的晚近化身。

5

然而,离开洛克,跟随霍布斯的视角来看,美洲还有另外一幅从开始到现在的画卷。与前面伊甸园般的看法不同,这种看法专注于炙热的沙漠、难以翻越的高山、飓风、洪水、热带的酷暑和极地的寒冷。与这种极端残酷的地面景象相应,从这种视角来观察土著,欧洲人从他们身上看不到一点儿纯真,相反,他们被描述为"可怕的野蛮人",专事谋杀、强奸、活人祭祀、自相残杀、背信弃义、熟知各种狡猾的骗术。印第安部落酋长们残酷而专制,把奸淫掳掠以外的时间都用在了对各种恶魔的野蛮敬拜仪式上,这些酋长就是魔鬼的象征。对美洲自然状态的霍布斯式意象显然不是伊甸园,而是最具否定意义上的旷野:不毛之地、死亡之野。

从被发现开始,美洲这块土地对于在其上开拓和定居的欧洲人来说有着太多的未知,直到今天,在某些方面依然如是。毫不奇怪,任何像这个新世界一样如此广大、如此重要、如此未知的事物,都会在那些对其深沉思索的人们心中激起深深的祈望和无边的恐惧。

---

① 米尔恰·伊利亚德(Mircea Eliade),《探寻宗教的历史与意义》(*The Quest: History and Meaning in Religion*, University of Chicago Press, 1969),第94页。

虽然伊甸园式的主题一直更为醒目和自觉，但是那些相信美洲梦、对美洲有天堂般期望的人后来却痛苦地发现那不过是个错觉，天堂梦慢慢变成了噩梦。事实上，噩梦从一开始就存在，当然在美梦和噩梦之间有一种内在的亲和性。历史上这是一个毫无新意的故事，即一个天堂般的梦想能够引发地狱般的行径，美洲大陆上每个新黄金之城的崛起都是以欧洲人对印第安人噩梦般的奴役和灭绝以及欧洲人内部自相残杀的暴行为代价的。

对在美洲定居的欧洲新移民来说，基督教和圣经传统提供了许多意象（image）[①]和符号，用以帮助他们解释在新环境下的巨大希望和恐惧，正如我在使用"天堂"和"旷野"术语时所指出的那样。英国殖民者，尤其是在新英格兰的英国殖民者，对这种境况所做的解释特别包含了一种在天堂和旷野之间的辩证关系。这种辩证关系只有在宗教改革这个宏大的神话场景下才得以显现。幸运的是，清教徒先辈们认为宗教改革是在发现新大陆后在欧洲展开的，当然这个事件不仅对新英格兰的清教徒有影响，对中部和南部殖民地的绝大多数移民也具有深远的影响。

6

改革的理念[②]实际上是基督教的核心，远远早于宗教改革发生

[①] 考虑到作者使用该词（image）的语境中强调宗教神话在美国国家意识确立过程中的象征性作用，故后文均译作"意象"。——译者

[②] 在这部分，我更多地参考了格哈特·B. 拉德纳（Gerhart B. Ladner）的著作《改革的理念》(*The Idea of Reform*, Harper Torchbook, 1967, Harvard University Press, 1959)。

的时间。改革与皈信的概念紧密相关,从邪恶到良善、从自我到神的转变都接近于《新约》和《旧约》所传达讯息的核心。保罗书信中特别强调改革是一种改良和革新,或者说创造新事物。在《哥林多后书》第5章第17节,保罗写道:"若有人在基督里,他就是新造的人,旧事已过,都变成新的了。"改革和革新概念主要指的是个体的灵魂。革新体现在教会神圣的洗礼仪式中,将个人带入到教会中的一种重生,圣徒们是彼此相通的①,因为他们处在基督的身体之中,共享一种暂时形式的天堂。但是教会本身可能也需要革新,由此这个词的另一种意涵得以发展。在奥古斯丁、本尼迪克特或者明谷的圣伯尔纳②看来,禁欲主义(monasticism)是一种形式的改革,可以导致更为一般意义上的教会改革运动。

最后,常常藏在幕后,时而走到前台来的观念,是这个世界本身需要改革和重生。《新约》的最后一章《启示录》承载了这种千禧年革新的思想,在未来神圣的时代,耶稣基督将重回并审判这个世界。这种观念一次又一次地爆发出耶稣再来的千禧年期盼运动。宗教改革是所有这些革新想法的提升与强化。它最初肇始于教会的革新,但接下来却导致了对个人的灵魂,特别是世俗灵魂进行改革的

---

① The Communion of Saints 天主教译为"诸圣相通功",新教译为"诸圣相通"。指基督教会成员的精神联合,其中包括活人和死者,但不包括受诅咒的人。他们都被视为以基督为头的基督奥秘身体的一部分,其中每一个成员都会为其他人做出贡献并因此受益。——译者

② 三人皆为基督教中重要的神学家式教士。奥古斯丁强调神的恩典。本尼迪克特(或圣本笃)是修道院制度的创立者。圣伯尔纳则以反对阿伯拉尔"理解而后信仰"的主张而闻名。——译者

压力,这种压力比中世纪教会普遍带给人的压力更严苛。宗教改革还总是隐含着世界末日即将到来的弦外之音,罗马教廷和新教教会分别被当作《启示录》中描绘的巴比伦大淫妇和新娘。①从这个角度来说,宗教改革可以被解释为一个预示结束旧时代,开创一个新天、新地的重大事件。

宗教改革强化了革新与重生意识,这种意识与"新"世界的发现和殖民之间的象征性关联是显而易见的,但是当我们考虑圣经中的"旷野"概念与革新主题之间的关联有多么密切时,这种象征性的联系就更为紧密了。圣经中记载,基督接受约翰的洗礼之前在旷野中生活了四十天,这段时间常常被解释为基督开始传教生涯之前的一种净化和革新的象征。以前传教士去沙漠在某种意义上是对基督的效仿。根据预表法的解释方法,②《旧约》中的事件常被看作《新约》中事件的预表,以色列人在西奈旷野中的四十年被解释为基督在旷野中那四十天的映像。在进入神的应许之地前,以色列人被试

---

① Whore of Babylon,指《启示录》中与地上列王行淫的"大淫妇"。作为寓言式的邪恶人物,常被用于描述罗马帝国或天主教会。另外《启示录》第21章第9节将耶路撒冷比喻为新娘,"拿着七个金碗,盛满末后七灾的七位天使中,有一位来对我说:'你到这里来,我要将新妇,就是羔羊的妻,指给你看。'"——译者

② 关于早期基督教和中世纪的类型学阐释参见埃里希·奥尔巴赫(Erich Auerbach)的经典文章,《形体》("Figura"),1944年在德国首次出版,英文版见于他的《欧洲文学戏剧场景》(*Scenes from the Drama of European Literature*, Meridian Books, 1959)一书中第11—76页。关于新教徒对这种解释模式的运用,参见罗伯特·米德尔考夫(Robert Middlekauff)的《马瑟一家》(*The Mathers*, Oxford, 1971),第106—111页。诺曼·O. 布朗(Norman O. Brown)的《爱的身体》(*Love's Body*, Random House, 1966)。

炼、被洁净、被革新，就像耶稣基督预备坐在天父的右边①。

《启示录》第12章第6节有一段重要经文，"妇人就逃到旷野，在那里有神给她预备的地方，使她在那里被养活一千二百六十天"，在这段经文中，旷野的主题也被与千禧年的想象联系在一起。这里的"妇人"被解释为属神的真正教会，在末日之前将不得不逃到一个神在旷野中为他们预备的地方。

现在所有这些圣经上的记述以及更多其他的记述，包括《雅歌》(The Song of Songs)以及一些被放逐的先知等都被新英格兰的神父们用来解释他们当前的状况。他们认为自己受神的差遣"进入旷野"，具有深远的个人、教会乃至世界历史的意义。在这种情境下，旷野是一个没有丝毫贬义的概念。虽然这是一个充满危险和诱惑的地方，但是神要求圣徒在旷野中建造的那个"封闭的花园"本身却是天堂的预示。②如乔纳森·爱德华兹③和其他人相信的那样，正是在这个新世界的旷野中，神将在这里开始建造他的新天新地。因此，一种危险但卓有成效的平衡在希望和恐惧之间实现了。

---

① 本句参考《路加福音》第22章第69节、第20章第42节："从今以后，人子要坐在神权能的右边"；"诗篇上大卫自己说：'主对我主说：你坐在我的右边'"。——译者

② 参见乔治·H.威廉斯《基督教思想中的旷野与伊甸园》。

③ 乔纳森·爱德华兹（Jonathan Edwards, 1703—1738），18世纪美国大觉醒运动的领导者，至今仍被认为是美国最出色的神学家，同时也被视为美国哲学思想的开拓者。——译者

7

圣经是17—19世纪有文化修养的美国人都应该很熟悉的一本书。直到近代,前述的源自《圣经》的想象提供了关于美国的创造性想象的基本框架,在不知不觉中这种想象对人们的控制是非常强大的。清教徒的这种类型学的解释或者意象的解释,既不是更高明的圣经评注,也不是科学的历史记述。尽管这些新近使用的研究方法各有其功用,但都不能满足人们意识中需要的神话层次。栩栩如生的神话传统在这一意义上总是类型化的:它在传统中找到了许多不同元素之间的关联性和相似性,并用传统的主题来解释当前的事件和困境。在18世纪末期和整个19世纪,新教字句主义(protestant literalism)①和启蒙理性主义开始占据主流。随之而来的是,清教徒类型学的解释也被小说家和诗人悄悄地使用,或者说开始在流行文化和意识形态的潜意识或半意识之中运作。理性话语和神话话语是描述我们最近的文化历史特征的两种话语,它们之间的分裂是非常危险的,因为它使得这两种思维模式日益贫乏。②最近出现了对神话的意义和功能的重新肯定,这种现象可能的好处之一是:我们可

---

① 该词在台湾学界也译为"直译主义""经律主义",强调根据字面含义而非象征意义理解经文。——译者

② 暗中将象征、神话和反思联系起来的非凡尝试参见保罗·利科(Paul Ricoeur)的《恶的象征》(*The Symbolism of Evil*, Harper and Row, 1967);也参见米尔恰·伊利亚德的《意象与象征》(*Images and Symbols*, Sheed and Ward, 1969);以及我即将出版的著作《宗教意识的根源》(*The Roots of Religious Consciousness*)。

以将神话从它常常以模糊和迂回的方式发挥作用的无意识幻想的领域中解救出来,并再次恢复它在人类意识中的创造性地位。不管怎样,我的目的是用一些曾经有意或无意发挥重要作用的圣经(或者其他)意象,去重塑关于现实的美国式解释,并一定程度上改变美国人在这个世界中的行动。

8

在对美国起源神话的寻觅中,我们已经考虑了新大陆在欧洲人意识中的作用,以及被宗教改革强化了的圣经主题形塑其意义的方式。我们已经为这场即将上演的戏剧摆好了舞台道具,但是还没有开始上演。然而,对美国而言,一个起源神话必须指向在美国发生的一些事件,而不是仅仅指向圣经历史上的一些原型预言。

幸运的是,我们找到了美国历史最早期的一篇文献,它非常完美地表达了我们前面试图探索的各种不同的思想。这份文献是由马萨诸塞海湾殖民地的第一任领导人约翰·温思罗普(John Winthrop)1630年在从欧洲到美洲的船上所做的布道词,当时他们甚至还没有踏上新世界的土地。这篇文献明确了新探险的意义、这种探险对新移民的含义及新移民应该承担的义务。关于这篇布道,佩里·米勒认为:"与美国人的心智的重要主题相关,(这篇布道)必须做出一个决断,温思罗普正是我们意识的发端。"[①] 这篇布道文

[①] 佩里·米勒(Perry Miller),《自然的国度》(*Nature's Nation*, Harvard University Press, 1967),第6页。

被认为是"基督教仁爱的典范"（A Model of Christian Charity）。

14
　　这乃是神与人的约定。我们因这工得以进入神的约。我们已经赴了一个使命，就是神给我们权柄，让我们订立这约中的条款。我们起誓照这约行，就可得着神的慈爱和恩典：现在神既然乐意听我们的祷告，并乐意带领我们进入渴望的和平之地，神岂不是认可了这约，立定了我们的使命，并希望我们去切实遵行吗？但如果我们不按所订立的约而行，对神虚情假意，贪恋现世，放纵肉体的私欲，为自己和子孙积蓄财富，神就会发怒，废弃这约，并报应我们这发假誓的民，让我们知道违背这约的代价。

　　现在唯一能避免船覆，让我们的子孙保有生计的办法就是遵守先知弥迦的劝诫：行公义、好怜悯，存谦卑的心与主同行。为此，我们要在这工中，彼此联合，成为一体，彼此切实相爱。我们必须乐意将自己所余分给他人，要柔和、恭谦、忍耐、慷慨，彼此喜悦，同欢喜，同哀悼，同劳作，同遭遇，始终心存使命，并联合成一体，同赴这工。我们也要在灵里联合，用和平彼此相系。主是我们的神，我们是祂的子民，祂乐意住在我们中间，在我们所行各样的事上都赐福给我们，使我们得以更多地见识到前人不曾见到的祂的智慧、能力、良善和真理。我们会看到以色列的神在我们中间，使我们可以以一当百抵挡我们的敌人，使我们的赞美荣耀祂的名，民会称这是胜

15
利的牧场。神使这地如同新英格兰。我们必须认识到，我们将作为一个山上的城。所有人的眼睛都注视着我们。所以，如果

我们在我们所着手的事业上对神不忠实,如此就会使得神从我们这儿收回祂对我们的帮助。我们将使神的诸多可敬的仆人们蒙羞,并且使得他们的祷告变成诅咒临到我们身上,直到我们从正在前往的美地上被毁灭。最后,我将以摩西这位神忠心的仆人在他最后告别以色列时的劝诫作为这篇布道的结尾。正如圣经《申命记》第30章所讲述的那样,亲爱的,现在摆在我们面前的是生与死和善与恶,我们被吩咐在这些日子里来爱主我们的神,彼此相爱,遵行祂的道,谨守祂的诫命、律法、章程以及与祂所立的约,这使我们可以存活,繁衍增多,耶和华我们的神就必在我所要进去得为业的地上赐福于我们。倘若我们心里偏离正道,不肯听从,却被勾引去敬拜侍奉别神,以及沉湎于自己的私情邪欲,责罚的日子就会来到,我们必会从神所赐的美地上被剪除,即便我们跨越了浩瀚的大洋去拥有它。

因此,让我们选择生命,
以使我们自己和我们的后裔可以存活,
听从神的话并专心依靠祂,
因为祂是我们的生命和我们的兴旺所在。①

约翰·温思罗普采用了类似《申命记》一样福佑与诅咒并存的解释方式,概述了殖民者在面对眼前未知新大陆时所拥有的巨大希

---

① 《温思罗普论文集》(*Winthrop Papers*)第二卷,《马萨诸塞州的社会史》(The Massachusetts Historical Society, 1931),第294—295页。

望和恐惧的意义。他将跨越大西洋类比成犹太人穿越红海和约旦河,他坚信马萨诸塞湾是神应许之地。绝大部分殖民者当时都已经是虔信的基督徒,内在的灵里已经被更新,他们认为英格兰的国家和教会都已经腐败,不愿意继续居住在那里。他们早在逃离英国社会前一年就已经在英国剑桥签署了一项"协议",在他们与神及他们相互之间建立了新的约。① 追根溯源,马萨诸塞湾殖民地的这项"协议"是一个包含有自身的原则性的起源,后来建立新共和国的法令也如此(包含有自身的原则性)。在这篇布道里,美国起源的神话般示意的原型再清楚不过了。后来建国法令不可避免或明或暗地指向了包括这篇布道词在内的神话先驱。

9

温思罗普对仁爱与崇尚享受和谋利的对比,效仿了奥古斯丁的著名做法,即将纯爱(caritas)当作上帝之城的原则,而将贪爱(cupiditas)当作世俗之城的原则。② 奥古斯丁转而对《新约》中的巴比伦城和新耶路撒冷进行了详细的对比,将巴比伦城看作野兽之城,此世的权柄之地,而新耶路撒冷则是圣城,是末日审判后圣民的居住之所。显然,不管在《新约》中,还是在奥古斯丁的对比中,新耶路撒冷都不是此世的政治共同体。对于奥古斯丁来说,甚至教

---

① 关于温思罗普圣约理论的讨论参见佩里·米勒的《进入旷野》(*Errand into the Wilderness*, Harvard University Press, 1956),第148—149页。

② 在奥古斯丁的作品中,关于这个对比出现在很多地方。最主要的一处见于《上帝之城》(*City of God*),第14章,第28页。

会也不过是在此世中无形的圣城的一个预备,因为有形的教会中有太多人在末世时不会进入圣城。在他看来,政治社会具有更多的否定意味,最好也不过是罪的审判和改正之地,最糟糕的情况就是一个弱肉强食的腐败之梦魇。奥古斯丁对温思罗普和其他新英格兰清教徒的影响显而易见,温思罗普也认为新耶路撒冷应是上帝直接赐予的,新殖民地并不是新耶路撒冷本身,而不过是对新耶路撒冷的一种预示。但是,温思罗普对于政治秩序的看法从根本上比奥古斯丁积极得多,因为与奥古斯丁不同,温思罗普是他所在整个社区的领袖,在这个社区里,教会和国家尽管不同,但联系非常紧密。在这个社群中,基督教义既贯穿于宗教结构,也渗透于政治结构。

约翰·加尔文(John Calvin),新英格兰清教徒中伟大的欧洲先行者,从奥古斯丁的基本观点出发,严谨地论证了一个秩序井然的非君权教会可以和一个秩序井然的政体(即日内瓦城邦)共同创造一种有道德的社会秩序。他的论证已经恢复了古典政治秩序概念的大部分尊严,并且将基督徒的仁爱与公民德性结合在一起。加尔文主义的基督徒联合体虽然不是地上的圣城,但却是一个很值得尝试的圣城的前身。加尔文的这个概念被新英格兰的清教徒们带入美洲,并在我们前述的耶稣再来的千禧年期盼中得到升华。

新英格兰早期的政治思想有一部分内容非常重视社会共同体或集体。这种从本质上将人理解为社会人的观念有三种来源:首先是古希腊城邦(polis)的经典概念,即城邦对公民的教育和德性负责;第二个来源是《旧约》中圣约的概念,即神与一个对自身行为承担集体责任的民族之间所立的约;第三个来源是《新约》中共同体的概念,这个共同体基于仁慈或爱,且在手足之情与同志之爱中得以表达。这种对集体的强调并不意味着对个体的贬低，因为加尔文主义对旧传统的综合保留了个体的尊严和责任，并且特别强调唯意志论的个体行动。但是，加尔文主义的"个体主义"只有在集体的语境下才有意义。超出宗教和道德规范的个体行为被看作是奥古斯丁意义上的罪的原型。

10

对个体和社会的双重强调可以追溯到皈信及与神立约的辩证法中，这种辩证法在殖民地的新教教会中不断地被审视，并逐渐提供了有助于形塑新共和国意义的一系列感受、意象和概念。对于早期的清教徒来说，皈信是一种极为强烈的个人的和独特的救赎体验，同时也是进入教会的先决条件。每个准教徒都需要公开表述这种个人体验，并必须接受对优秀的道德品质的质询、检验和确认。清教徒意识到，真正承受上帝恩典之约的教徒只有上帝真正知道，而且几乎可以确定的是，在地上（可见）的教会必然会混进来一些伪君子，所以他们尽其所能地维护一个教会的纯洁性。除了内在的圣约外，也有被认为属于新英格兰人的，或者说至少应该被共同遵守的外在的或国族的圣约。这是公民社会的基础。理想情况下，个人皈信和与神立约应该是相辅相成的，而且在实践中总有些人试图模糊两者的区别，但是对二者之间通常存在的张力的关注，也具有悠久的传统。

19　从深深扎根于圣经中的新约和旧约的传统来看，皈信被视为是一种解放形式。信仰神可以把人从罪和死的束缚中解脱出来，不再做俗世、肉欲和魔鬼的奴隶。宗教改革强调，信神的人是一个自由的人，在某些方面只需向上帝负责。18世纪的福音传教士经常阐述"自由的甜美"[1]的主题。但是皈信的自由体验总是会受到相应的圣约概念的制衡，这个圣约意指人与神之间以及人与人之间一套明确的义务。在皈信与圣约之间保持平衡的努力引发了与殖民地居民虔信有关的诸多争议。对于一种皈信体验是否是入教的必要条件有着长期论争。这一争论的焦点是，不信神的人是否可以与信神的人共享圣约，并且至少获得一些本应由教徒享有的此世和彼世的益处。18世纪40年代横扫所有殖民地的大觉醒运动，是一波宗教复兴的浪潮，它激发了乔纳森·爱德华兹及其支持者的热情参与，他们反对仅仅奠基于外部约定的教会。他们希望大觉醒运动能够成为一种恩典的路径，借此共同体中大部分或全部的人都可以皈信并完全享有圣约所规定的义务与回报。

但是大觉醒运动导致了在另一个方向上不平衡的恐慌。一些被复兴运动冲昏头脑的人将他们新的灵性解放解释为免于任何法律的束缚。不像公开的唯信仰论者那样显眼，另一些人将他们内在的情感体验解释为他们获得救恩的保证，而无须进一步在此世采取任何行动。爱德华兹在《论宗教情感》(*Treatise Concerning Religious Affections*)[2]一书中煞费苦心地驳斥这两种错误。他建立了一个用十二种标志指示皈信体验真实性的体系。其中最为重要的有这些：一种

---

[1] 艾伦·海默特（Alan Heimert），《宗教与美国人的心智》(*Religion and the American Mind*, Harvard University Press, 1966)，第454页。

[2] 《乔纳森·爱德华兹文集》第二卷 (*The Works of Jonathan Edwards*, Yale University Press, 1959)。

在皈信本质上真正和永远的转变,这种转变改变了与其所处环境相关的全部个性;以及在其接下来的生活中展示宗教和道德上的实际应用,这是最后也是最全面的标志。印在温思罗普圣约概念上的强烈的社会责任记号在18世纪的加尔文主义者和福音派思想中得以延续。皈信不仅仅是一种纯粹的个人信仰行为。随之而来的自由并不意味着可以摆脱社会责任。圣约自由(covenant liberty)被视为具有深刻的社会性,就如同18世纪浸信会领袖艾萨克·巴克斯[①]的如下引文:

> 人的真正自由,在于了解、听从和取悦他的创世主,做他所能做的最好的事,并与他周围的人一起享受他能享受的快乐;他这样做的目的在于将爱的律法写在自己的心间,在他的自然联合与对整个人类的悲悯中将爱显明。尤其是,每个人都将根据他的天性和特长,与神和我们自己确立关系和连接。因为每个理性的灵魂都是整个理性存在系统的组成部分,所以过去乃至现在,在他所有的行动中关注全部的善是他的责任与自由。[②]

在巴克斯的最后一句话中,自由和责任的连接是新教自由概念

[①] 艾萨克·巴克斯(Isaac Backus, 1724—1806),美国独立战争时期浸信会牧师领袖,参加在新英格兰反抗国家建立教会的活动。——译者

[②] 海默特,《宗教与美国人的心智》,第459页。关于这个有趣的人物参见威廉·G.麦克洛克林(William G. McLoughlin)的著作《艾萨克·巴克斯与美国虔信派传统》(*Isaac Backus and the American Pietistic Tradition*, Little Brown, 1967)。

中有关皈信与圣约之核心。与外在的宗教压迫，以及在此之后几十年来更为明显的政治压迫相反，新教徒们保留着对更高的律法以及"整全的善"的深刻的责任感。爱德华兹明确反对将一般"自由的概念"等同于"一个人有机会做任何自己想做的事"，巴克斯指出，所有的政府"在多数人的想象中，都会干涉这种自由"。① 但是，如果福音派的宗教领袖抵制唯信仰论和无政府主义，他们将同样抵制冰冷的"外在的约"。在皈信者温暖的心中，与上帝和他人订立的真正圣约的义务将被愉悦地接受。对于他们而言，一种缺少人们内在同意的、完全外在的律法约束根本不比没有法律更好。事实上，这些宗教领袖时刻准备着规劝他们的信众在时机成熟时挣脱这些非自愿的外在约束。

11

到目前为止，我们的研究还只限定在与圣经有关的事件和意象上（它们在殖民经验中被详细阐述），以及它们如何为美利坚合众国建国的伟大事件提供一个神话意义结构。但是，圣经并不是这个新国家神话和象征的唯一来源。

英格兰的政治传统对殖民地的思想和制度有重要的影响，相关的参考文献很多。在革命前日益增多的争议中，关于英国宪法和"英格兰人权利"的文献更是多如牛毛。殖民地几乎从一开始就在很多方面存在着前所未有的自治，这要特别归功于英格兰宪政的发

---

① 海默特，《宗教与美国人的心智》，第458页。

展。这种自治不会被任何其他主要的殖民国家所容忍。然而,在神话和象征层面,英格兰对新共和国的影响显然微乎其微。就算这主要是由于革命自身所引发的对英国的敌意(杰斐逊说,"英国人在我们内部,我们必须驱逐他们"),[①] 它也可以转向更早些时期的英国历史——如大宪章或者克伦威尔摄政期间——来为这个新国家提供一个合法化象征的载体。但是在国父们的字里行间,我们所能够找到的非圣经象征的唯一主要载体是罗马而非英格兰。

美国独立战争之前的几个世纪里,罗马共和国的历史在有教养的欧洲人的思维中占据了显著位置。从马基雅维利到孟德斯鸠的现代政治理论关注的是罗马共和国的伟大和衰落。拉丁文学是美国和欧洲人文教育的核心内容。作为进入旷野创建新城的故事原型,维吉尔的《埃涅阿斯纪》甚至可以与以色列人的《出埃及记》相媲美。正如温思罗普想起摩西,约翰·史密斯船长[②]在创作关于在弗吉尼亚建立英属殖民地的故事时想到的是埃涅阿斯。这个殖民地的建设时期也被霍华德·芒福德·琼斯[③]称为"乏味的埃涅阿斯纪"。[④] 但是,与其说是拉丁神话或传说,不如说是罗马的自由史主导了18世纪晚期有教养的美国人的思想。这段历史既是原型故事也是一

---

　　① 引自埃里克·埃里克松(Erik Erikson),《新的同一性维度》(*Dimensions of a New Identity*, Jefferson Lectures, 1973, Norton, 1974),第89页。

　　② 约翰·史密斯(John Smith, 1580—1631),新英格兰的舰队司令、英国军人、探险家和作家。他因在北美弗吉尼亚州建立了英国第一个永久殖民地詹姆斯敦而扬名天下。——译者

　　③ 霍华德·芒福德·琼斯(Howard Mumford Jones, 1892—1980),美国作家、诗人、文学评论家、哈佛大学英语教授。——译者

　　④ 琼斯,《陌生的新世界啊》,第238页。

种警示。正如约瑟夫·沃伦①1772年纪念波士顿大屠杀两周年时写下的:"正是这种对自由宪章的崇高信仰,将古罗马人从卑微的起点带到了他们最终企及的幸福与荣耀的光明顶点;也正是这种信仰的缺失,又使他们从那个顶端堕入了声名狼藉和被奴役的深渊中。"②

因此,说罗马古典主义在新共和国表面的象征意义中占据了主要地位,这一点儿都不令人惊讶。"共和""总统""国会""参议院"等词都是从拉丁文衍生来的术语,这与大不列颠语汇对应的术语有明显的区别。在美国国徽上有两句拉丁语座右铭,合众为一(*E pluribus unum*)和时代新秩序(*Novus ordo saeclorum*),尽管后者在维吉尔的诗歌③中也含有圣经层面的寓意。乔治·华盛顿被誉为西方的辛辛纳图斯④,在出席自己的就职典礼时从月桂树的拱门下穿过。希腊-罗马式古典风格的建筑和艺术在共和国早期占据了主导地位。⑤

从更深层次来说,占据美国建国者们想象力的罗马特征是共和的德性,尤指18世纪末在美洲最有影响力的政治思想家、现代社会

---

① 约瑟夫·沃伦(Joseph Warren, 1741—1775),美国医生,在美国独立战争早期波士顿的美国爱国者组织中担任领导职务,最终成为革命的马萨诸塞州议会的主席。——译者
② 琼斯,《陌生的新世界啊》,第254页。
③ 原文为 Virgilian reference。美国国徽"时代新秩序"即引自维吉尔的诗篇《牧歌》。
④ 辛辛纳图斯,一位高尚的罗马贵族,在人们需要时放弃自己的农田出来服务大众,完成工作后又返回自己的农庄继续耕种。——译者
⑤ 琼斯,《陌生的新世界啊》,第251—265页。

学的伟大先行者孟德斯鸠所阐释的共和德性。孟德斯鸠将政治划分为独裁制、君主制和共和制三种类型,每种社会类型都有其各自社会生活的准则,并为其社会成员提供行动的源泉。独裁制的准则是恐惧;君主制的准则是荣誉,是竞争的心理,今天我们可能称之为寻求社会地位;对于共和制,尤其对于民主制共和而非贵族制共和形式而言,其社会生活的准则是德性,今天詹姆斯·塞勒斯(James Sellers)用更为现代的语言称之为"自愿的创制"(willed initiative)。

在民主社会中,不存在一个配备了一支军队的君主,依靠武力来维护法律。由于人们生来平等,所以没有源自等级的骄傲可利用。如果人们想要看到遵守法律和伸张正义的任何意愿或者动机,那么它必须出自公民的内心,出自为更伟大的共同体而行动的意愿和能力。不是恐惧或者野心,而是这种品质才能让一个民主社会运转起来。这种品质就是德性(*la vertu*)……此处所传递的想法是,共和国的公民应该从自己的内在精神出发参与治理,但是这种内在精神必须采取行动的形式,尤其是以那种表达意愿的创制行动的形式。①

在孟德斯鸠的分析中,一个共和国只有在其公民热爱它的时候才能真正成为共和国。如果它需要外在的强制,那么它就已经丧失了准则。效仿罗马共和国早期的无数英雄,孟德斯鸠告诫我们,只有简朴并远离奢华才能使公共利益存留于公民的思想中,并且使得弃

---

① 塞勒斯,《公共伦理学》,第72—73页。

绝自我成为可能，尽管做到这一点很难，但是没有它，任何共和国都不可能长存。杰斐逊和共和国早期领导人的农民式的理想很大程度上归功于共和德性的观念。这种理想描绘了一个由节俭独立的农人组成的国族，他们随时准备响应共同体的号召。虽然出发点不同，新教伦理的福音派解释得出了与之相同的结论。

最终，罗马原型被证明不如圣经原型的影响深刻和久远，因为相对于圣经文化而言，拉丁文化被更多地限定在精英阶层。创建这个国家的伟大意象是《出埃及记》，而不是《埃涅阿斯纪》。甚至古典主义的杰斐逊也建议在美国的国玺上放上摩西带领以色列人穿越红海的图像。他在第二次就职演说中指出，"我也需要掌握我们命运的上帝的恩典，他像引导古代以色列人一样引导我们的祖先离开故土，将他们安置在一片充满全部生活必需品、能让我们生活舒适的国土上；他护佑了我们的童年，在我们长大成人后又把他的智慧和力量赐给了我们。"①

鉴于以色列人长期遭受苦难的历史以及罗马（共和国）的衰落，我们可能会惊诧于将以色列和罗马作为新国度原型的选择。我们可能认为我们的祖先忽略了那些早期民族的黑暗岁月，但实际上他们没有。他们希望按照正确的原则创立共和国，以避免重蹈覆辙。但是他们确定的是，如果我们在信仰和公共德性上沉沦的话，我们将面临以色列和罗马的悲惨命运，它们不过是上帝手中的尘埃罢了。

---

① 索尔·K. 帕多弗（Saul K. Padover）编，《杰斐逊全集》（*The Complete Jefferson*, Duell, Sloan & Pearce, 1943），第 414 页。

12

　　但是在18世纪早期，有另外一种政治思想传统开始渗入美洲殖民地，这种思想以令人好奇的既吸引又排斥的模式与加尔文主义神学和古典哲学相关。这是一种比较新的思想潮流，源于首次试图将自然科学的研究态度和取向应用到社会和政治科学领域。自17世纪至今，自然科学开始享有威望，并且这种威望一直以独特的方式保持至今。尽管霍布斯的追随者和批判者约翰·洛克更为温和折中的思想在美国影响最大，但真正的创始人是托马斯·霍布斯。正如许多学者已经指出的那样，霍布斯的自然状态和奥古斯丁的地上之城（*civitas terrena*）具有明显的相似性。两者都假设自然人本质上是自私和贪婪的，急于满足他自己的欲望，并时刻准备征服或者摧毁阻挡他们实现利益的人。霍布斯的名言是，"一切人反对一切人的战争"（*bellum omnium contra omnes*），但这也是对奥古斯丁背弃神的人的画面的贴切描述。同样，与奥古斯丁将贪爱作为地上之城的准则一样，霍布斯关于人类根本动机的概念是一个与之相应的术语。当我们考虑两位理论家如何解释盛行于此世社会中的秩序与和谐时，他们之间的重要区别就显而易见了。这个区别之所以很重要，是因为它将加尔文主义与18世纪美国的功利主义区分开来。

　　对于奥古斯丁和霍布斯而言，一切人的战争（*bellum omnium*）是一种极端情况，它解释了人类本质的某些真相，但除了遭受毁灭的例外情况，它并不是对人类正常生活的真实描述。当然，对奥古斯丁而言，神是天上之城的主宰，同时也是地上之城的救主。尽管他的福佑神秘莫测，却掌管着人类的历史。神也会常常派遣国王或者暴君，包括不公正的国王来到这个世上，作为对恶人的打击和对圣徒的考验，这样的国王维持了一种虚假的和平。但是奥古斯丁最基本的政治思想是，即便是堕落的人，依然会保留着一些神圣真理和正义的"意象"或者说"印象"，否则这个世界的政治秩序就无从谈起。①

霍布斯与古典基督教传统及其现代追随者的区别在于其理论中没有任何神或者良善的概念，取而代之的是极端理论性的个人主义。对霍布斯而言，一切人反对一切人的战争的极端情况无法通过任何伪装的神圣正义来避免，而只能通过个人自我利益最大化所形成的社会契约来避免。为了逃避自然状态下的焦虑、恐惧和痛苦，人们选派一位君王来统治自己，将自己与生俱来的自由托付给他，以求得和平与安全。但是对霍布斯以及霍布斯的真传弟子洛克而言，社会的和谐依然不是建立在神圣正义的基础之上，它甚至没有受到一丝纯爱的影响，而仅仅建立在个人私利，即贪爱的基础之上。这种认为社会可以仅仅建基于个人利益的聚合之上，认为对个人私利的追求可以建立公共德性的观念，在17—18世纪是一种激进的新观念，它与当时其他依然强有力的传统观念格格不入。

---

① "如果上帝的形象和神的律法被完全从人类原罪的灵魂中清除出去，如果原初任何'微弱的轮廓'都没有被保存下来，那么人类将不会有公平和正义的观念，不会有作为人类平等和公平交易标准的基础的和平的观念，以及不会有作为文明社会支柱的秩序的观念……"赫伯特·A. 迪恩（Herbert A. Deane）的著作《圣奥古斯丁的政治与社会观念》(*The Political and Social Ideas of St. Augustine*, Columbia University Press, 1963)，第96页。

13

美国独立革命运动具有明显的一致性,并且最终成功地构建了新的公民秩序,这在很大程度上要归功于清教徒的圣约模式与孟德斯鸠的共和模式的交汇。前者主要以新英格兰为代表,而后者则以弗吉尼亚为代表,但两种模式都在殖民地人们的意识中广为传播。这两种模式都认为社会的存在必须以社会成员内心深处的承诺为基础,前者通过皈信来获得,而后者则通过共和德性来获得。这两种模式都认为政府应建立在法律的基础上。尽管实在法是由那些守法之人积极参与制定的,但它最终还是有一个更高的源头——神或者自然。当杰斐逊在《独立宣言》开篇呼吁"自然法和自然神明"时,这两种传统最终的合法化原则已经融为一体。他在结尾处写道:"我们坚定地信赖神明上帝的保佑,同时以我们的生命、财产和神圣的名誉彼此宣誓来支持这一宣言。"他不仅援引共和主义模式建立一种公民契约,而且效仿了清教徒的圣约模式。只有这两种模式的汇合才能有助于我们理解激情和理性的融合。而这种高度统贯的融合似乎已经激发了革命舞台上主要演员的积极性。

自由是美国独立革命情感的伟大主题。早在1770年,一位观察家就写道:"自由这个词使人们的头脑像宗教狂热般高度兴奋,这就如宗教信仰所引起的一样。"[①] 自由意味着从英国的暴政和国王的统治下解放出来。当时,除了少数弱小和走向衰落的共和制国家,君

---

① 海默特,《宗教与美国人的心智》,第21页。

主制非常普遍,在这种情况下,我们难以想象推翻君主制所获得的那种心理愉悦。鉴于议会比乔治三世更为残暴地统治着美国人的事实,那么值得注意的便是,美国人竟然将乔治三世作为他们正在推翻的统治的象征与化身。在一些新英格兰传教士的想象中,乔治三世甚至成了一个敌基督者,如圣经《启示录》第13章中所描述的"猛兽"。① 考虑到乔治三世不过是一个立宪君主(在无偏见地使用此术语的意义上)而非暴君的事实,对国王的强烈拒斥只能被解释为对整个权威概念的拒斥,即对外在的、专制压迫的权威的拒斥。就这点来说,国王的意象要比议会更加合适。

在独立战争最初的几个月里,自发的团结席卷所有殖民地。戴维·拉姆齐② 在1791年出版的关于那场革命的史书中回顾1775年的精神("和平年代几乎难以令人相信"的精神)时写道:

> 宇宙的主宰者以其对他们心智的神圣影响,使他们愿意走向联合。不管前行的动力来自何方,可以确定的是,一种历练、坚忍和适应的倾向在人们心中和殖民地间传播,超出了人类计算的范围。③

在革命的队伍中,人们似乎又看到温思罗普在早期清教徒的圣

---

① 海默特,《宗教与美国人的心智》,第411页。
② 戴维·拉姆齐(David Ramsay, 1749—1815),美国医生、政府官员、南卡罗来纳州查尔斯顿的历史学家。美国独立战争中最重要的历史学家之一。——译者
③ 海默特,《宗教与美国人的心智》,第401页。

约中所提到的那种"兄弟般的感情",那种"节制我们自己的奢侈品消费,以提供给他人必需品"的愿望。像1775年时被描述的那样,从外来压迫下的解放和"被(上帝)福佑的整个美利坚自由乐章的和谐之音的奏响",必定已经唤起了基督再临的千禧年盼望,这份盼望实际上从未远离殖民时期的美国。①

然而,1777和1778这两年的艰难岁月见证了许多背叛、怀疑和心灵的刚硬②,一个加尔文派的牧师由此做了一场布道,题为"美利坚各邦正在重蹈旷野之中以色列后裔的覆辙,这会阻碍他们进入迦南美地"。③

通过与大觉醒时代精神的对比,艾伦·海默特得出令人信服的结论,1775年的精神并没有在真正的逆境中存活下来,或者克服人们自私的倾向和对私欲的过度追求。即使在1775年,约翰·亚当斯也这样记述道:"……一个普通的赛马师……与法律打交道是常事,他几乎会在每个法院上因为各种原因被起诉,走到他近前说,'哦,

---

① 露丝·布洛克(Ruth Bloch)在1973年未公开发表的论文《美国革命运动中的千禧年思想》("Millennial Thought in the American Revolutionary Movement")中已经为我还只是猜测的一种关联提供了大量证据。

② 原文为 hardness。圣经中使用该词来强调人心的顽固,和合本多译为"刚硬"。如《罗马书》第2章第5节("你竟任着你刚硬不悔改的心"),《马可福音》第10章第5节("摩西因为你们的心硬")等。——译者

③ 参见康拉德·彻丽(Conrad Cherry),《上帝的新以色列:美国命运的宗教阐释》(God's New Israel: Religious Interpretations of American Destiny, Prentice-Hall, 1971),第67页。[此句中,原词为American States,"美利坚合众国"作为国名系于1781年《邦联条款》生效后推行,故此处译为"美利坚各邦";the children of Israel "以色列的后裔"在圣经中等同"雅各的后裔",此处意指其在旷野中多有抱怨,映射美利坚各邦当时的怀疑、背叛和心的刚硬(不信神)——译者]

亚当斯先生，你和你的同事们为我们做了多么伟大的事情啊！我们简直不知如何感谢您了！本地区没有公正法庭了，我希望以后永远不要有。'"① 爱德华兹和巴克斯早前曾经注意过这种无政府主义，而亚当斯对这种土生土长的无政府主义的感伤至少是出于本阶级的焦虑和保护财产的考虑，虽然他也受到更大目标的驱使。但是持反对意见的各阶层的新教徒自1776年以后也同样担心政府规制的缺位。例如，他们一再要求马萨诸塞州法院设立一个章程，以使得联邦人民不要被留在"自然状态"中，乔纳森·爱德华兹将这种自然状态称为"霍布斯的战争状态"，即所有人"将像荒原中的野兽一般，相互捕食和相互残杀"。②因此，当亚历山大·汉密尔顿说："我们也许可以一直布道，直到我们对共和国需要的公正无私的主题感到厌倦，而无须单独地改变宗教信仰"，对此我们一点儿也不惊奇。杰斐逊未必不赞同汉密尔顿。他在战争结束时这样写道："他们将忘记自身，而仅仅专注于赚钱，并且将不再考虑联合起来实现对他们权利的应有尊重。"③

14

在某种程度上，关注共同事业与关注个人私利之间的张力体现了功利主义者和那些持有传统宗教哲学观点的人之间在理论层次上的张力。在18世纪，一些美国人已经完全注意到这一隐含的冲突。

---

① 阿伦特，《论革命》，第300页。
② 海默特，《宗教与美国人的心智》，第303—304页。
③ 同上书，第518—519页。

乔纳森·爱德华兹的追随者、加尔文派牧师纳撒尼尔·奈尔斯（Nathaniel Niles）在1774年出版的《自由的两种话语》（*Two Discourses on Liberty*）中抨击了洛克关于政府的起源与目的的观点。他写道，那种认为政府源于对私人财产进行共同保护而订立契约的观念"是海盗和一群强盗团结生活在一起的格言"。他正确地指出，没有一丝奥古斯丁神圣秩序踪迹的对社会的功利主义构想将不可避免地陷入混乱之中。

> 上帝为了人类更大的善而将人们团结在一起结成社会，此时社会中的每个人都同意献出一些他所能发挥的力量，以此来承认一个整体，他们还同意放弃与他人幸福不相容的个人满足。只要他的情感转向个人私利，他将忽视公共利益；而且当他从心里摆脱共同体时，他的服务将是非常危险的；（你）完全无法期待他做出有自我否定意涵的行动。①

在讨论新美国政体的现实基础是德性还是利益的问题时，公民的（古典的加尔文主义）和功利主义观点之间的有意识冲突达到了高潮。在18世纪70年代，大多数能清楚表达其思想的美国人选择了德性。1776年在反对执政的财产资格限制时，一份匿名的传单上写道：

> 如果我们在这件事上将利益纳入考虑，那么我们也在同等程度上根除了德性；这将成为自由的真正原则。这种利益观念

---

① 海默特，《宗教与美国人的心智》，第516—517页。

最直接的倾向是将穷人冠之以贪婪，尽管后者在任何时候都非常有道德。①

塞缪尔·亚当斯②曾经希望美国成为"基督徒的斯巴达城"，他用下面这段话表达了他的一般看法：

> 我们可能仰仗军队来保护我们，但是德性永远是我们最佳的护佑。任何一种德性没有得到无上尊重的国家，都不可能长久保持自由。③

但是，正如戈登·S. 伍德（Gordon S. Wood）所阐明的，到18世纪90年代，一些完全不同的观点开始占据上风。人们对美国人似乎更加专注于个人幸福而非公共利益的事实不再感到惋惜，相反，一些人开始认为这才是美国新体系的基本原则。人们感到新宪法将个人的欲求与公共秩序拴在了一起。如詹姆斯·威尔逊④写道，在美国"引入了一种特殊的控制与检查的治理形式，以使得甚至坏人也能够做一些有益于公共利益的事情"。伍德将这些观点总结如下：

---

① 海默特，《宗教与美国人的心智》，第521页。
② 塞缪尔·亚当斯（Samuel Adams），美国革命家、政治家，马萨诸塞州人。策动了波士顿倾茶事件。——译者
③ 克林顿·罗西特（Clinton Rossiter），《美国革命的政治思想》（The Political Thought of the American Revolution, Harvest Books, 1963），第200页。
④ 詹姆斯·威尔逊（James Wilson, 1742—1798），美国开国元勋，《独立宣言》和《美国宪法》的签署人之一。曾任美国最高法院大法官。——译者

美国将保持自由，不是因为那种斯巴达式的为了某种模糊的公共利益而牺牲自我的公民素质，而是因为说到底每个个体都会关注他自己的私利和人身自由。①

威尔逊和其他迷恋于新体系的人认为，这个新体系会避免传统共和国的腐化，并且不会使共和国蜕变为一个暴政国家。而约翰·亚当斯尽管相信德性是一个共和国的根本，但是在他的同胞中却很少看到这样的德性。他对美国的未来持非常悲观的态度，并且用大量否定的词语将美国宪法解释为减缓不可避免的衰落的一种努力。②正如在17世纪洛克并没有取代加尔文一样，这种新观点在18世纪末也没有完全摒弃以前的观点。1796年华盛顿在发表告别演说时重申了原有的道德立场，他认为神的福佑"将一个国家的永久福祉与其德性"联系起来，而且19世纪早期见证了那些观点以宗教和政治的形式复兴。两种立场之间的斗争从未停息过，而这两者之间的冲突正是本书的核心论题。③

当国父们从解放运动的英雄行为转向组建自由国度时，他们意识到革命的热情难以作为公民义务的基础维续下去。正如它们先行

---

① 戈登·S. 伍德（Gordon S. Wood），《美利坚合众国的建立，1776—1787年》（*The Creation of the American Republic*, 1776—1787, Norton, 1972），第612页。

② 关于亚当斯参见伍德，前引书，第14章，和保罗·K. 康金（Paul K. Conkin）的《清教徒与实用主义者》（*Puritans and Pragmatists*, Dodd, Mead, 1968），第4章。

③ 在我看来，威尔逊·凯里·麦克威廉斯（Wlison Carey McWilliams）的《美国的博爱思想》（*The Idea of Fraternity in America*, University of California Press, 1973）是一篇具有深远影响的关于美国文化基本张力的文献。由于其刚刚出版，所以本书未能将其完全考虑进去。

者的虔信和圣约，革命与也立宪必然紧密地联系在一起。但同样，后两者之间的张力也不可避免。宪法不可能想当然地认为所有公民都受公民德性的激励，所以它关注的是就像尽可能实现所有公民的真正参与一样，尽可能多地保护个体和群体免遭政府及其同胞的伤害。事实上，制宪会议里的很多代表更担心的是普通公民的积极参与而非他们缺乏热情。因此，宪法也许不得不成为一种"外在的约"，它用不温不火的态度将所有忠诚的共和主义者团结起来。

所有明确意识到自己是"国父"的人对于他们的立法者身份的神圣性与重要性都深信不疑。约翰·亚当斯写道，他很高兴"活在这样一个时代，一个古代最伟大的立法者们所梦寐以求生活的时代"。① 人们在制定宪法过程中付出的时间、心血和无尽的才智，不仅表达了一种关于与神订立圣约和与人民订立契约的传统文化（也许这在人类历史上是独一无二的），而且表达了这一行为在世界舞台上的意义。甚至在独立革命之前十年，约翰·亚当斯就能这样写道："我总是将美洲的殖民看作神佑全世界无知者觉醒和被奴役者解放的一个宏伟方案和设计的开始。"② 在17世纪末和18世纪初，美国人已经对于自己作为山上之城被世人仰望这一点有所动摇。但是到了18世纪末，他们又再一次确定他们会成为山上之城了。在完成建立新国家的第一次就职演说中，华盛顿说："人们理所当然地、满怀深情地、也许是最后一次把维护神圣的自由之火和政府的共和模式的命运，系于美国人所奉命进行的实验上。"他们创立了一种架构，在这个架构的限制内，我们将不得不考虑切实地保护人民自由

---

① 阿伦特，《论革命》，第204页。
② 海默特，《宗教与美国人的心智》，第15页。

及为公民创制（popular initiative）提供空间的问题。在这个架构中，国父们并没有被他们对自身行为重要性的信念所欺骗。

也许我们最好把前面整个讨论中关于从革命到立宪与从皈信到立约之间的类比说得更加明白一些。像皈信一样，革命是一种脱离原有结构的解放行为，一种远离束缚的运动。革命和皈信开启了人类灵魂深处的大门，碰触了我们最深切希望和最无助恐惧的源泉。如果这些解放行动不包含唯信仰论和无政府主义的要素，就不是真正的解放，因为在新的秩序诞生前必须彻底打碎旧权威。但是，除非这种自由的解放行动快速地朝着制度行为或立宪行为的方向发展，即面向未来而非仅仅抛弃过去，否则解放行动就会走向自身的对立面。不迈向与神立约的皈信将使心灵再次变得刚硬；不迈向立宪的革命很快就会变成新的暴政，如我们在19—20世纪许多国家的"革命"中所看到的。在此意义上，美国的革命成功了，而其他许多国家的革命失败了。

然而，美国的成功充其量是不完全的成功，宪法毕竟只是一个外在的约。对于杰斐逊和福音派而言，也许更为关注的是在制度的运作中没有失去解放元素，宪法的制定仅仅是一个开始，而非战斗的结束。众所周知，杰斐逊相信每一代人都有权"重新开启一个新世界"，以及"除了人类与生俱来的权利外，万事皆可改变"，也恰恰是他觉得每隔二十年就革命一次也许是一件好事。① 他蔑视那些

---

① 杰斐逊指出，"上帝不允许我们在没有……哪怕一次反叛的情况下度过二十年"，埃里克松对杰斐逊的话做了如下评论："为什么是二十年？也许他指的不仅是历史还有人类的生命周期：上帝不会允许任何人在从没有经过反叛的情况就长到二十岁？"，埃里克松，《新的同一性维度》，第72页。

"以虚伪的敬意看待宪法,将宪法视为(以色列人的)约柜,神圣得无法碰触"[1]的人。福音派19世纪的复兴运动与杰斐逊式共和主义的选举胜利密切相关,这一运动呼唤内在灵里的"第二次革命"[2]。像爱德华兹一样,他们想要每个人与神立一个完整的约,且对其分毫无损感到满意。对于杰斐逊主义者和福音派而言,宪法很快就成为冷酷和外在的,成为个人利益诉求的保护伞,而非为公共利益诉求进行自由提案的地方。

由此,在美国宗教生活中长期起作用的张力被转移到政治生活中去了。一个自由的结构必须防止解放运动摧毁自身,不过它必须将新形式的外在约束和保护私利的壁垒涵括其中。因此,如同宗教生活需要改革和复兴一样,它也一再地要求自由的重生。

---

[1] 阿伦特,《论革命》,第235页。
[2] 海默特,《宗教与美国人的心智》,第548页。

第二章　作为被上帝拣选民族的美国

1

像迦南地一样，美洲在上帝的新以色列人（指欧洲人）到达之前并不是无人居住。但是在上一章描述"美国的起源神话"时，我们始终没有提及这样一个事实：美洲的印第安人有着丰富的起源神话，许多印第安部落从他们的起源神话中精心设计有关宗教仪式的组诗，这样的仪式直到今天依然被纳瓦霍和普埃布洛印第安人所采纳。早期移居美洲者的伟大梦想完全源自中东和欧洲，除了在各地分享人类神话生活的一些普遍主题外，与美洲土著文化毫无关联。

在长达几个世纪的时间里，新移民都没有意识到这样的事实：在美洲的土著人与他们有着不同的生活梦想。无论印第安人被看作是高贵的抑或可怕的野蛮人，他们都仅仅被当作欧洲梦里面的一个角色，好像他们没有自己的梦想一样。直到最近，大量古老的印第安人神话的象征体系才开始被重视，近来甚至被作为所有美国人的一个精神生活之源。这种不能从印第安人自身的角度出发看待他们的现象，仅仅是文化面向上对人性的否定，这种否定还体现在经济甚至生物的面向上。印第安人不仅被新定居者剥夺了让自身文化理应受到理解和尊重的、与生俱来的人权,而且被无情剥夺了土地、生计,甚至常常是生命。美国社会就建立在这些原罪的基础上。

在新移民定居的最初几十年里,原初的罪行与另外一种滔天罪行组合在一起。还有一些民族生活在欧洲梦之外,他们就是非洲人。这些非洲人,连同他们广阔的宇宙象征体系,被迫成为了欧洲梦里处境最为悲惨的演员。除了对印第安人的掠夺和种族灭绝以外,新移民还强行让非洲黑人离开他们自己的土地,将他们运送到美国做奴隶。因此,美国社会从一开始就有双重的罪行,这些罪行的后果至今还对这块大陆有着不可估量的影响。我们必须要问,在美国白人的梦想中,究竟是什么因素使得这么多人这么长时间,甚至到今天人数依旧不少,都对这些罪行视而不见。对此,我们需要考察"上帝的选民"一词的歧义性。

2

一个极端的例子将使这个问题尖锐化。1900年1月,艾伯特·贝弗里奇(Albert J. Beveridge)参议员结束菲律宾访问后不久,在美国参议院的大厅发表演讲。在那次演讲中,他提及了菲律宾岛屿的财富以及对美利坚合众国的重要性,提及了当地土著的好逸恶劳和自我管理能力的缺失,提及了美国军队针对菲律宾独立运动的镇压战争。他用后来我们已经熟悉的语言说,美国人民对那场战争的反对实际上是"延长那场战争的主要原因"。为了使人们对这一主题感兴趣,他提出了下述文字为其观点辩护。

上帝为英语系民族和日耳曼民族做了千年预备，绝不是为了让他们去做无谓的自我沉思和孤芳自赏。不！上帝让我们做世界的主要组织者，在混乱盛行之处建立一个系统。祂已经赋予我们进取精神去推翻整个世界的反动力量。祂使我们对于管理野蛮和衰落民族的政府驾轻就熟。如果没有这种力量，这个世界将陷入野蛮和黑暗之中。在所有的民族中，上帝已经为美利坚民族打上了被拣选的烙印，以使之最终领导全世界的救赎。①

尽管圣经的意象已经被19世纪的种族主义所玷污，我们仍可以从（上面）荒诞不经的表述中清晰地看到美国人正当化自己从最初便如此对待印第安人和黑人的理由。我们之后将回到这个主题。

贝弗里奇参议员并不是无知的"红脖子"，像所有的美国参议员一样，他受过更为良好的教育，并比大多数人更有智慧。但是类似的观点同样可以在远胜于他的美国人那里发现。早在五十年前，美国本土的少数一流作家之一，赫尔曼·梅尔维尔（Herman Melville）就写了如下的文字：

> 从为奴之地中逃离出来，古以色列人没有重蹈埃及人的覆辙。上帝赐予他们的是明确的神意，赐予他们的是阳光下的新事物。我们美国人是独一无二被拣选的民族，是我们这个时

---

① 彻丽，《上帝的新以色列》，第116页。

代的以色列人，我们肩负着整个世界自由的约柜。70年前，我们摆脱奴役的枷锁；在上帝赐予我们拥有并继承地球上一个大陆的名分之外，来自不同领域的政治异教徒也将来到这里并在我们方舟的护佑下休养生息，不再被迫害。如人们所预期的那样，神已经预定我们的种族成就伟大的事业，让我们在灵魂深处都能感受到它们。万国必将很快被我们抛在身后。我们是这个世界的先行者、排头兵，被派遣来穿越这个未知的蛮荒之地，为我们的新世界开辟一条新的道路。我们的力量源于我们年轻，我们初生以及我们的聪慧。当其他国家还处于咿呀学语的时期，我们的啸声划破长空。我们已经对自己怀疑了太久，怀疑政治上的救主是否会真正到来。但是，祂已经来到我们中间，我们要做的只是接受祂的引领。让我们铭记我们参与的这一历史时刻，这几乎是世界历史的第一次。国家自私是极大的慈善事业，因为我们不仅要做有益于美国的事，而且要做有益于世界的事。①

几年前，我们有过一任国防部长②，认为对通用汽车有益的事情对美国也有益。梅尔维尔则似乎相信对美国有益的事情对全世界也有益。在这段话里，我们可以看到，17世纪早期已存在于约翰·温

---

① 欧内斯特·李·图文森（Ernest Lee Tuveson），《救赎民族》（*Redeemer Nation*, University of Chicago Press, 1968），第156—157页。
② 这里指越战时的美国国防部长，罗伯特·麦克纳马拉（Robert McNamara）。他曾在通用任CEO。——译者

思罗普思想中的新以色列人的观念与亨利·路思义①关于"美国世纪"的最新想法,或者与约翰·福斯特·杜勒斯(John Foster Dulles)②将"自由世界"简单地等同于那些愿意听命于美国的国家这一做法之间所存在的关联。

3

说拣选这个词意义含混,意味着这个词所带来的意象是复杂的,它既可以解释美国最好的东西,也可以解释美国最坏的东西。为了看到拣选一词的正面意涵,我们可以考察一下拉比艾萨克·M. 怀斯(Isaac M. Wise)1869年在辛辛那提发表题为"我们国家在历史上的地位"的演讲,这篇演讲发表于梅尔维尔写下那段文字的二十年之后和贝弗里奇参议员发表演讲的三十年之前。尽管这篇演讲与这两个人的观点有重复之处,但也表达了一些不同的见解,其中一些内容已经在前一章中看到了。在简要地回顾欧洲的自由历史以及清教徒对自由的实践之后,他谈到了美国独立革命:

---

① 亨利·路思义(Henry Luce, 1898—1967),出生于中国山东蓬莱,美国著名的出版商,他创办了《时代周刊》(1923年)、《财富》(1930年)和《生活》(1936年),是20世纪最有影响力的媒体人之一,他首先提出"20世纪是美国的世纪"。——译者

② 约翰·福斯特·杜勒斯(1888—1959),1953—1959年任国务卿。"马歇尔计划"和"北大西洋公约"的主要制定者。他直接参与了1950年对朝鲜的战争,是1957年"艾森豪威尔主义"的主要提出者之一。二战后多次代表美国政府出席国际会议,在国际活动中鼓吹冷战,推行"大规模核报复"以及在社会主义国家进行和平演变等战略。——译者

第二章 作为被上帝拣选民族的美国

荣耀归于独立革命的英雄们，归于自由慷慨的教父们。荣耀归于乔治·华盛顿和他英雄的同胞们。他们是被神的圣洁之手所拣选的器皿，永远推动命运的车轮朝着自由方向发展；他们完成了伟大的使命，成就了不朽的功勋……所有国家无数被压迫的人已经挣脱了锁链，破除了禁锢，他们都在齐唱美国独立革命的赞歌……宪法的制定者们有足够的智慧面对国家的命运，他们也足够诚实，使他们能表达对宪法各章及其不朽序言的深信不疑。美利坚合众国的人民在接受这部宪法之时，已经正式并郑重地选择了他们的命运，为了全人类的进步与救赎，从现在直到永远，他们将成为自由的守护神和被庄严任命的旗手。①

在字里行间，怀斯拉比接受了梅尔维尔和贝弗里奇所断言的美国的救世主角色。但是，在他看来，这种救赎作用不是通过对异教徒，或者对野蛮人以及对没落种族的政治支配来实现的，而是通过为"所有国家的无数被压迫的人们"树立一个榜样来实现的。

再次像梅尔维尔和贝弗里奇一样，怀斯拉比也将美国人民看作是一个"与众不同的民族"，但是他们的独特性不在于他们的盎格鲁-撒克逊血统，（用他的话说）而在于他们"是人类不同种族的混合"。他说道，"我们源于英国人、爱尔兰人、法国人、荷兰人、德国人、波兰人、西班牙人甚至斯堪的纳维亚人，但是我们不属于其中任何一个人种。我们是美国人，出生于这片土地上的每一个孩子都

---

① 彻丽，《上帝的新以色列》，第224—225页。

是被美国化的（Americanized）。我们的祖国让一个与众不同的民族去实现一个全新的、与众不同的未来。"① 尽管早在1869年就被怀斯拉比使用的美国化概念需要进一步的检验，但是，怀斯用这个概念表达美国人支配其他群体的意味并不明显。

最后，在他的演说结尾部分，怀斯拉比提出了未曾出现在梅尔维尔和贝弗里奇文字中的另一条注解，尽管我们将看到梅尔维尔后来在这方面改变了想法。怀斯拉比说：

> 除非我们自己心存恶意地背弃我们的命定，背弃自由的理想，否则没有什么可以束缚我们前进的脚步，没有什么能够将我们的祖国从历史上的崇高地位上拉下来。只要我们坚守这一理念，我们将享有尊敬、荣耀、财富和繁荣。②

在怀斯拉比持有的古老的立约思想中，我们是上帝的选民的观念不是绝对的，而是有条件的，它关乎我们自身的一种选择。保持对自由理念的信仰是约翰·温思罗普版关于申命记式的训诫（Deuteronomic injunction），"让我们选择生命"。

4

关于美利坚民族是一个被特别拣选的民族的观念可以从最早

---

① 彻丽，《上帝的新以色列》，第227页。
② 同上书，第228页。

时期的文献中找到。在 17 世纪早期，弗吉尼亚州的约翰·罗尔夫①就将殖民者看作是"一个被上帝之手标记和拣选的特别的民族"；②在 17 世纪末，马萨诸塞州的威廉·斯托顿（William Stoughton）也这样说，"上帝已经选择了一个国家，让他可以把精选的谷粒播撒于旷野中。"③这种思维方式到独立革命时期已经达到了高潮，那时美国被看作是上帝的"长子国度"，而且关于美国独立所具有的特殊的世界历史意义的猜测更是风靡全国。尽管自鸣得意和自以为是的因素从未消失，但是它们通常因各种主张受到圣约情境的限制而沉默。在旷野中"被选择的种子"从一开始就感觉到自己受到了"旷野的试探"。④如佩里·米勒所指出的，对民族罪行的哀叹和控诉是早期新英格兰文化不可分割的一部分。⑤被控诉的罪行大多是新教的传统罪行。(在这种情况下)提及不遵守安息日制度和渎神要比提及不公正地对待印第安人和黑人合适得多。虽然也不乏对贪得无厌的谴责和对人们时下做法的敏锐洞察，比如英克里斯·马瑟⑥在

---

① 约翰·罗尔夫（John Rolfe, 1585—1622），北美最早的殖民者之一，首次在弗吉尼亚殖民地成功培育了可出口的作物——烟草，对殖民地产生了深远的影响。——译者
② 彻丽，《上帝的新以色列》，第 26 页。
③ 威廉斯，《基督教思想中的旷野与伊甸园》，第 107 页。
④ 同上书，第 102 页。[原文为 wilderness temptations，参见《诗篇》第 106 章第 14 节（"反倒在旷野大起欲心，在荒地试探神"）译出——译者]
⑤ 佩里·米勒，《新英格兰思想：从殖民地到行省》（*The New England Mind: From Colony to Province*, Harvard University Press, 1953），第二章。
⑥ 英克里斯·马瑟（Increase Mather, 1639—1723），马萨诸塞湾殖民地和马萨诸塞政府早期历史的重要人物之一。他是一个清教徒牧师，参与殖民地治理，曾任哈佛大学校长，卷入塞勒姆女巫审判案。——译者

1676年就这样写道：

> 土地！土地！土地已经成为许多新英格兰人崇拜的偶像：最开始的移民还为每个人一英亩地的私产感到满意，他们很容易就可以聚居在一起，之后是每个家庭20英亩地，自从人们开始觊觎土地以来，一个人独占了成百上千亩的土地。他们宣称自己是基督徒，却背叛了教会和基本的教义，完全去追求这个世界上的土地和活动空间。罗得会背弃迦南地和教会，……他也许会在所多玛城有更好的世俗之所。①

但是英克里斯对虚夸的发型和穿戴、混迹于小酒馆和不参加主日敬拜也同样反感。无论这些被声讨的罪行对我们重要与否，清教牧师对这些罪行不断地进行谴责并坚持认为，除非改革的人们存有即便被选民族也要接受神的审判的观念，并有效地防止民族自我崇拜，否则神的祝福也会变成诅咒。在下一章我们将会看到，这种清教的道德主义即便在最佳状态也付出了沉重的代价。

---

① 英克里斯·马瑟，《一篇对新英格兰居民真诚的布道词》(*An Earnest Exhortation to the Inhabitants of New-England*, Boston, 1776)，第4页，如安妮·库塞纳·纳尔逊（Anne Kusener Nelson）在《国王菲利普年代的战争和哈伯德-马瑟的对抗》("King Philip's War and the Hubbard-Mather Rivalry")一文中所引用的，出自《威廉和玛丽季刊》(*The William and Mary Quarterly*, 3rd Series, Vol. 27, No. 4, 1970)，第624页。这个引用是一个具体的证据，因为他隐含在最近的一部《纽约客》卡通片中。书中描写的是两个在船上的朝圣者，一个人对另一个人说，"宗教自由是我现在的目标，但我的长远计划是进入房地产领域"。

对自由的宗教热情在独立革命时代达到了顶峰,这种热情不可避免地引发了对蓄奴制的怀疑。恰在独立革命之前,贵格会第一次开始系统地反对蓄奴制,并试图在它自己的等级内部废除它。到独立革命时,福音派和加尔文主义者也开始抵制蓄奴制。随之,人们开始意识到蓄奴制是一项非常严重的罪,它可能导致一种特殊的、与之相对的神罚。1768年费城的弗朗西斯·艾利森(Francis Alison)牧师在给埃兹拉·斯泰尔斯(Ezra Stiles)的信中写道,"这些殖民地奴役黑人,并让他们生为英国臣民的子孙永久为奴。我确信我们的天父,所有人的父亲,将会严厉地反对这些做法,而且神可能会因为这件邪恶的事情让我们陷于被奴役的境地。"1774年,当战争已经一触即发,康涅狄格州的丹伯里城市会议宣布:"……我们有充足的理由认为,奴役非洲人是我们这块土地上的血泪罪行之一,因为神正在惩罚我们。"[1] 医生本杰明·拉什[2]完美地总结了整个问题。在《论奴隶制》(*Address upon Slave-keeping*)一书中,他建议牧师"要记住国家的罪行需要国家接受惩罚,而且如果不明确指出这种罪恶等待的是何种惩罚,你可能就要冒险去保证:这罪行不可能不接受惩罚,除非上帝不再公正和仁慈"。[3]

---

[1] 温思罗普·D. 乔丹(Winthrop D. Jordan),《美国白人对黑人的态度》(*White over Black*, University of North Carlina Press, 1968),第299页。

[2] 本杰明·拉什(Benjamin Rush, 1745—1813),美国建国之父,费城的公民领袖、医生、政治家、社会改革家、教育家和人道主义者。美国宾夕法尼亚州卡迪尔金森学院的创始人。——译者

[3] 温思罗普·D. 乔丹,《美国白人对黑人的态度》,第300—301页。

尽管有上述这些态度，作为指向解放的总体革命驱力之一的解放奴隶的愿望在立宪会议期间却踟蹰不前。在州的层面上，南方以外的各州都快速颁布了废除奴隶制的法案，但是在联邦宪法中最终所能达成的妥协却只是1808年以后禁止再进口奴隶。对许多人来说，虽然联邦宪法对奴隶制的容忍让人确信它不过是一个外在的约，但它是一个新国家如此专注于建立一个行之有效的国家结构并抵御外部入侵的努力，这使得联邦宪法在被通过近四十年后，关于蓄奴制的问题才再次浮出水面。

5

新共和国的罗马面向对于绝大多数的美国人而言是异常冷酷和陌生的。共和主义的宗教风行一时，这是一种符合纯粹理性限制，且倡导公民德性的、禁欲主义的、理性的自然神论。但是，在弗吉尼亚上流阶层、新英格兰贵族，以及像汤姆·潘恩（Tom Paine）一样的前卫激进派以外，共和主义的宗教没有任何吸引力。杰斐逊关于功利主义将很快成为美国宗教的预言真是大错特错了。即便当他希望乞灵于圣经意象的象征力量来表述国家的经历时，他自己也被那些他无法理解的狂热信徒当作了一种象征。1800年爆发的内在的、属灵的第二次美国革命带有福音派和复兴运动的性质。它是第二次大觉醒运动的开端，裹挟着之前的所有元素，决定了在余下的这个世纪中的大众意识的方向。如果我们要领会19世纪美国神话和象征的意义以及我们从中承继的产业，那么我们必须理解在一种更新的新教虔信与逐渐澄明的美国国家意识之间的关系。

从某种意义上说，自然神论的象征体系在公民宗教层面得以存留，这首先是由于华盛顿、亚当斯、杰斐逊、麦迪逊等人为这个国家的崇拜定了基调。公开的政令甚至倾向于不使用"上帝"这个字眼，而代之以"天意"（Providence）、"主宰宇宙命运的无穷力量"、"主掌我们之人"等词语。最重要的是，宗教象征体系避免了任何宗派主义特征的暗示，这在共和国早期的美国政治生活中清晰可见。这种象征体系之所以能在它所表达的私人的宗教和哲学倾向的所有者逝去之后存活下来，其原因只能解释为人们深信不疑的宗教自由，（这一原则）表现在禁止确立国教已庄严载入宪法第一修正案。美利坚民族是有宗教信仰的民族，且他们的公共生活一直表达了那种事实，但是他们却通过选择一种不冒犯任何人的、中立的宗教语言避免了确立国教的任何可能。

同样地，中立的自然神论的语言无法温暖任何人的心灵，而且在孤立无援的状况下它几乎不可能为国家意识提供想象力的基础。没有这种国家意识，新国家很容易陷入四分五裂的状态，这将对国家产生持续的威胁。在蓬勃发展的宗教复兴主义的帮助下，仅靠公民宗教自身无法达成的目标将有可能被实现。冷酷的外在形式可以被温暖的内在生命所充满、所占据，并且打上有想象力生活的烙印。恰恰是这种公共形式和私人意义的动态结合使得人们难以理解和分析美国的公民宗教。美国公民宗教严格的、形式上的限制使它很难被官方驾驭。只有最伟大的总统们才能对它施加一些个人的影响：华盛顿通过充当解放者而非恺撒的伟大抉择；林肯通过他的殉难；杰斐逊通过更多地体现在《独立宣言》而非任何公文中的语言；林肯则尤为通过他的第二次就职演说和葛底斯堡演说。但是在那些伟大的行为和宣言背后,没有任何正统的阐释者,没有受到政府支持的公民神学学派,也没有任何审查机构有权禁止与公民宗教不一致的行为。公民宗教的意义,尤其是公民宗教的内在意义,留待个人去解释,留待任何一类有能力说服他人的牧师、政治家或诗人去演说。①结果是,关于美国的最深层意义总是存在尖锐分歧,没有共识,但也不是处于无政府状态。

在19世纪的几个重大问题上,如奴隶制与自由,公共利益与私人获益等,都是教会以信徒和公民混合在一起的声音讲话,即便在其内部产生严重分裂之时也是如此。佩里·米勒在《美国的精神生活》(The Life of the Mind in America)一书中以长达九十页的、题为"福音派基础"的章节作为这一历史著作的开篇。威廉·麦克洛林这样写道:"美国福音派的历史不仅仅是一场宗教运动的历史。理解它就理解了19世纪美国人生活的全部特质。"②尽管在1900年之前很多年,其他意见便开始出现,但是从没有其他途径去理解美国人作为上帝选民和接受上帝审判的意义。

---

① 从"私人的"观点来看,它不是官方的并且不代表国家讲话;从"公共的"的观点来看,它代表的不是与整个社会隔离开来的特殊个人或群体的传统,而是将那些特殊的传统应用到解决全社会的问题上。在这种语境下,我们能够理解多少教会的领袖从事马丁·马蒂所说的"公共神学"。他们真正从自己的宗教传统出发,但谈论的是全社会的问题。

② 佩里·米勒,《美国的精神生活》(The Life of the Mind in America, Harcourt, Brace and World, 1965)。威廉·G. 麦克洛林(William G. McLoughlin),《美国的福音派 1800—1900》(The American Evangelicals 1800—1900, Harper Torchbooks, 1968),第26页。

6

殖民地时期的教会与19世纪早期的教会之间有着线性的连续性,但是其氛围却迥然不同。在殖民地时期,整个社区和教会往往是一起从欧洲迁移过来的。无论现实中缺少什么,宗教共同体至少是潜在的现实。第一次大觉醒运动将教区作为基本单位。爱德华兹的布道面向一个已经建立的公共框架中的无数个体,他的任务是帮助人们皈信和转变思想,而不是创建机构。在独立后向西部的大扩张时期,情况就完全不同了。1800年以后,在第二次大觉醒时期,福音派的角色不但是去传福音,而且还要帮助社区成立和改造机构。

由于虔诚的和堕落的失业流浪者充斥着美国的西部城镇,因此必须将他们整合进一个承担着日常社会功能的完整的社团生活中去,这些社会机构不仅要被建立起来,还要得到提升和改进。最终复兴的目标完全不在本地。1829年,《基督徒的旁观者》(Christian Spectator)杂志上的一位作者指出,福音不仅可以拯救个人,"它还可以更新共同体和国家的面貌。在宗教的复兴中,神圣的影响一样可以降临到家庭和村庄……同样地,当它让一个有圣灵居所的人感到愉悦的时候,它也必将降临去更新和美化整片土地"。① 复兴主义者为了抵达普通人最深层次的无意识动机采用了日趋精致的技术,这些技术不仅有助于让普通人得到神的恩典,而且有助于让他成为

---

① 米勒,《美国的精神生活》,第11页。

公民。再次引用《基督徒的旁观者》上的话:"'宗教与国家有什么关系呢?'你可能会问。从福音派联盟的角度来看,没有(任何联系);但是,从它发挥一种控制、净化人们良心的作用来看,我们要说,在所有方面都有关系,这是共和国的最后希望。"[1]

托克维尔和其他欧洲人很快注意到,在美国的大部分地方,要识别政府的运行机制是一件很困难的事情。不要说军队和警察,即便是官僚机构也很少能见到。作为孟德斯鸠的学生,托克维尔注意到在那些宗教内在约束严明的地方,是不需要国家的外在强制的。但是,托克维尔也注意到,在美国,宗教的政治运作与18世纪的许多哲学家所设想的不同,因为在美国,宗教并不是由一个垄断圣事分配和教义解释的等级森严的牧师集团来控制的;相反,宗教本身是"民主的和共和的",它使"另一个世界的真理服从私人判断"。[2] 托克维尔没有很好注意到的是,在国家生活中维持宗教高效运转的强大动力根本不是宗教教义本身,而是强烈的、即刻的和个人的宗教复兴。

20世纪受过教育的人很容易相信曼海姆关于宗教是意识形态的一种形式这一经典表述,它是对一种既存秩序的支持,而不是削弱现有秩序的乌托邦。但是那种分析方法全部适用于美国历史的任何阶段是值得怀疑的,尤其对于19世纪上半叶的美国来说更是如此。美国新教传统中的千禧年派(The millennialism)无数次地催生了社会改良和变革的运动,他们提出了一种尘世中神的国度的乌托

---

[1] 米勒,《美国的精神生活》,第71页。
[2] 亚历克西斯·德·托克维尔(Alexis de Tocqueville),《论美国的民主》(Democracy in America, Vintage Books, 1954, Vol. I),第436页。

邦梦想，减少对现状的、任何简单的承诺。用古典自由主义理论无法完全理解福音派宗教对国家意识增长所做出的贡献。美国不仅仅是一个中立的法治国家，其中每一个个体都可以理性地追求自我利益。它也不仅仅是那些利益受到侵犯的人才会对现存制度安排产生怀疑的国家。我们将要探讨一下伟大的反对蓄奴制的圣战，发起那场圣战的人们的动机更多地来自千禧年共和国的理想，而远非任何直接或者间接的经济私利。我并不想暗示，与赤裸裸的政治力量相比，美国社会一直缺少自我利益。在自觉参与社会进程被阻隔的地方，军警力量的使用常常是暴力和残酷的，比如在南方的奴隶中间、在沿边境地区的印第安人中间以及在19世纪晚期城市的穷人中间。如我们在下一章将进一步看到的，在大部分地区，自我利益与唯心主义错综复杂地交织在一起。但是，对于那些一旦看穿了美国唯心主义最愚蠢的一面，就只能发现暴力和私利的人来说，美国经验的意义将永远是模糊不清的。

7

无论与后来逐渐出现的其他问题如何交织在一起，19世纪的废奴运动主要源于我们一直讨论的宗教和国家的力量。在共和国早期相对平静的岁月里，贵格会教徒甚至从事过废奴运动，1830年以后，在新英格兰的浸信会以及阿利根尼山脉以西的各种福音派教会中，废奴风潮愈演愈烈。这场运动的两个伟大的演讲家，新英格兰的威廉·劳埃德·加里森（William Lloyd Garrison）和俄亥俄的西奥多·德赖特·韦尔德（Theodore Dwight Weld），都是复古主义的布道者和《旧约》圣经先知的原型组合。这两个人之间的张力更多揭示了当时人们的文化生活。

威廉·劳埃德·加里森是最坚定和最不妥协的废奴主义者,即便偶尔有些宗派主义且时常被孤立。他不懈地做着废奴的宣传,无情地揭露美国人伪善的嘴脸。他不愿意接受一种更为中性的观点,即认为奴隶制仅仅是其他方面举止高贵的美国人的一个小污点,一个并非标志其本质特征的污点。加里森感到罪恶深重的奴隶制应唤起所有美国人反思其自我观念。华盛顿认为这个世界的命运取决于美国建国这一"实验",加里森对此嗤之以鼻,他在1837年写道:

> 好像由于居住在地球一隅的窃取土地、嗜血、屠杀和做奴隶贸易的民族所做的野蛮而残酷的"实验"的缘故,上帝已经延迟对所有国家命运的审判,而且冒险履行祂神圣的诺言!好像上帝不能像打碎陶匠的器皿一样轻易地毁灭一个国家,从而证明它永恒的正义……①

加里森完全在公民宗教的象征体系和修辞内工作,不过,当他最终被迫谴责美国宪法自身时,他还是将公民宗教作为一种强烈谴责民族自豪感的工具,因为宪法继续允许奴隶制存在,并将其作为"一个与死亡和地狱的约定"。②1854年,在我们后来所熟知的一

---

① 斯托顿·林德(Staughton Lynd),《美国激进主义的知识起源》(*Intellectual Origins of American Radicalism*, Vintage, 1968),第132页。
② 西摩·马丁·利普塞特(Seymour Martin Lipset),《第一个新国家》(*The First New Nation*, Basic Books, 1963),第34页。

种举动中，他甚至公开焚烧了一部宪法，其后便陷入一种痛苦的孤傲之中。在南北战争爆发的前几年，加里森所做的反对奴隶制的各项努力几乎都没有直接的政治影响力，但是作为激进不妥协的见证者，他做出了自己的贡献。

西奥多·韦尔德来自废奴运动波涛汹涌的西部，他是全美最伟大的福音传道者查尔斯·格兰迪森·芬尼（Charles Grandison Finney）的信徒。相比较而言，韦尔德比加里森更接近于主流，他对于废奴运动的伟大贡献是将复兴主义者的技巧变成了废奴主义事业的工具。他既不诉诸利益，甚至也不诉诸责任，而是诉诸温暖的情感转化。1834年，他发表了一篇演讲，那篇演讲是讲给那些他希望能够加入到为废奴主义事业而战斗的行列中的年轻人听的，他呼吁"从心到脑到口——为了信仰和服侍"。我们可以从下面的文字中管窥他的诉求基调：

> 如果你的心在疼痛和滴血，那么我们需要你，你将帮助我们；但是，如果你仅仅将我们的原则作为干瘪的理论而接受，那就请让我们独自前行：我们已经背负太多的重担。如果你仅仅出于责任感而加入我们，我们祈祷你保持超然物外，我们将把空间给予那些跃入到我们行列中的人，因为他们无法置身事外；他们不是抱怨责任，而是高喊"特权"和"喜乐"。①

---

① 吉尔伯特·霍布斯·巴恩斯（Gilbert Hobbs Barnes），《1830—1849年反奴隶制的冲动》(*The Anti-Slavery Impulse 1830—1849*, Harbinger, 1964)，第79页。

在1835年和1836年，韦尔德多次进入市镇与反废奴主义暴徒见面。经常被打得鼻青脸肿、经常必须夜复一夜地面对愤怒的人群，直到他精疲力竭才被允许说话。作为当时最伟大的公众演说家之一，韦尔德经常战胜质疑他或对他有敌意的听众。在一次关于必须立即废除奴隶制的激情演讲的最后，他用复兴派的方式说道，"朋友们，能不能请所有相信……的人站起来？"所有的听众都站起来了。① 当韦尔德离开到下一个城市演讲时，细心的同志们就留下来组织本地的社区继续向前推进他们的工作。更重要的是，甚至早在1835年，韦尔德和他的同事们就推出了一条立宪观点，把北方自由黑人和废奴主义者的待遇表述为"拒绝承认法律所保护的平等权利，捍卫正当程序以及公民的特权与豁免权"。正是这些语言最终被载入了宪法第十四修正案中。与加里森不同，以韦尔德为核心的团队相信宪法中隐含了解放的意思，立宪性文件需要的是澄清和执行它，而不是将其付之一炬。他们的努力对最终的结果做出了很大的贡献。

我并不否定南北战争的爆发和奴隶的解放有经济和政治的原因，我也从未主张文化或者宗教的动机是唯一重要的因素。但是，我要申明的是，没有这些文化和宗教上的动机，我们就不可能理解何谓第二次美国革命及其新生自由的结果，尽管像第一次革命一样，那些结果是局部和不完整的。西德尼·米德（Sidney Mead）曾

---

① 吉尔伯特·霍布斯·巴恩斯，《1830—1849年反奴隶制的冲动》，第82页。

提出，亚伯拉罕·林肯是"美国历史的精神中心"。①当然，就我们前两章一直论及的圣约和拣选之间的辩证关系来说，美国内战是一次高潮事件，而林肯正是与这一事件有着最为密切联系的人。

8

如我们所看到的，在美国革命期间，新教圣约神学（Protestant covenant theology）传统和共和自由虽然已经连接在一起，但其接缝依然清晰可见。到了南北战争期间，它们已经完全融合在一起，天衣无缝。在美国建国初期，几乎没有任何公共表达形式能够传达一种具有深刻想象力的象征体系。我们一直没有国家剧院的传统；到19世纪中叶，诗歌、小说和艺术作品的制度化也不稳定。②几乎唯一具有深厚的美国传统的流行表达形式就是讲道（以及相关联的政治演讲）和唱圣歌。在林肯最伟大的公共演说中，美国人公共演讲的传统与圣经的意象相融合，并以一种几乎"平实"的清教徒风格表达出来，成为一种经典的形式。在朱莉娅·沃德·豪③的"共和国战歌"中，圣歌的传统在近乎完美地表达民族精神中达到了顶峰。

"战歌"中的意象，大部分源于圣经的《启示录》，它使人们深

---

① 西德尼·E. 米德（Sidney E. Mead），《热闹的实验》（*The Lively Experiment*，Harper and Row, 1963），第73页。

② 康拉德·彻丽向我指出，正是梅尔维尔和惠特曼关于南北战争的诗歌使得美国的诗歌达到了成熟的新水平。

③ 朱莉娅·沃德·豪（Julia Ward Howe, 1819—1910），著名的废奴论者、诗人、妇女参政主义者和人道主义者。——译者

切感受到在美国历史上那一时刻所具有的神启特征。这是一个试炼的时代:"他要踏平存储愤怒葡萄的地方";这是一个审判的时代:"他在他的庭前宝座细查万人心"。基督徒的圣洁和共和国的自由最终结合在一起,"如同基督以死让人得圣洁,我们愿以死让人得自由"。20世纪美国最伟大的社会抗议小说之一《愤怒的葡萄》正是从"战歌"第二行中选取了该书的书名,这绝非偶然;或者说,在20世纪50年代末和60年代初,这些古老文字作为吁求伟大的公民权的战斗口号而再次呈现了天启的意义也绝非偶然。这种类似于在"战歌"中体现出来的意象和感受的有力融合一直在历史中作用着。

正是在林肯的第二次就职演说中,我们可能找到了在美国整个历史进程中关于圣约与审判主题的最好表达。这是关于蓄奴为罪的最后陈述:

> 如果我们假定美国的奴隶制是这里所说的罪恶之一,它按上帝的意旨是不可避免的,而现在在经过了上帝规定的时限之后,他决心要消灭它;再假定上帝使得南北双方进行了这场可怕的战争,以作为那些犯下罪过的人应该遭受到的苦难,那么我们从中能看出有什么地方有悖于信仰上帝的信徒们总是赋予永远存在的上帝的那种神性吗?我们衷心地希望——热情地祈祷——但愿这可怕的战争灾祸能迅速过去。然而,如果上帝一定要让它继续下去,一直到奴隶们通过二百五十年的无偿劳动所堆积起来的财富烟消云散,一直到,如三千年前人们所说的那样,用鞭子抽出的每一滴血都要用刀剑刺出的另一滴血来偿还,

而到那时,我们也仍然得说,"主的审判是完全公正无误的"。①

更为重要的是,林肯在葛底斯堡演说中强调指出,所有这些鲜血和痛苦,必将迎来"自由的新生"。

像独立革命一样,美国内战也是从解放运动,即奴隶的解放运动开始,直到在宪法第十三、十四和十五修正案中自由制度的确立后结束的。在第十四修正案中包含了最重要的一些条款,其中第一章从法律上保障了天赋人权和人人平等,第五章授权国会保障这些权利的实现。尽管在几十年中,这些条款的激进意义已经被狭隘的法院解释和一种倒退的政治现实所侵蚀,这些条款的意义仍然很难被夸大。正是在这些宪章的保护下,过去二十年才取得了许多进步。它们是为更多事物而进行的授权。它们改变了联邦政府的角色,使其主要从个体权利领域中一种被动的观察者的身份变成了一种积极的参与者和责任者的身份。它们赋予了大量在政治上依然有待实现的事物立宪的合法性。

9

从反蓄奴运动的全部活力以及它留给我们的鲜活遗产来说,它的成功只是局部的,很多在法律上所取得的成果很快就在政治和社会层面上失去了。反蓄奴运动是一部白人灵魂的戏剧。美国黑人

---

① 此处翻译参考了罗伊·巴斯勒编,《林肯集》,朱曾汶等译,生活·读书·新知三联书店 1993 年版。——译者

几乎从未出现在公共舞台上。除了很少几个如弗雷德里克·道格拉斯①一样的黑人外,运动的大部分领导者,甚至最激进的领导者,如韦尔德、加里森、布朗等,都是白人。虽然从前的奴隶们写了关于他们自己生活境遇的书,但是令举国震惊的描述奴隶生活的书是哈丽雅特·比彻·斯托夫人的《汤姆叔叔的小屋》。就大多数美国白人而言,整个史诗般宏大的战争展示了一幅白人灵魂的罪恶、审判和救赎的画卷。实际上它是黑人的史诗,现在正在被复原。至少到了杜波依斯(W. E. B. Du Bois)的时代,乃至更晚的理查德·赖特②或马尔科姆·X(Malcolm X)的时代,黑人才在美国白人的富于想象力的理解中占据了一席之地。因此,美国人自画像的本质方面从未受到挑战。南北战争之后五十年,美国人对这幅画像比之前更为自鸣得意,其自我满足的程度由于林肯解放奴隶的高大形象而得以强化。林肯的这一形象也被美国黑人崇高地接受:很多黑人聚居区的公立学校便是以这位伟大解放者的名字命名。

南北战争远未动摇盎格鲁-撒克逊人的自信,反而增强了他们的自信。不仅如此,我在本章开头所引用的贝弗里奇参议员使用的修辞手法在19世纪后期太常见了。1885年,约西亚·斯特朗(Josiah Strong),一位后来成为社会福音运动的奠基者之一的清教牧师,

---

① 弗雷德里克·道格拉斯(Frederick Douglass, 1817—1895),19世纪美国废奴运动领袖,杰出的演说家、作家和政治家。——译者

② 理查德·赖特(Richard Wright, 1908—1960),黑人作家,著有《局外人》(1933)和《今日的主》(1961)等五部长篇小说,《汤姆大叔的孩子》(1938)和《八个黑人》(1961)两部中短篇小说集,与人合写了两部剧本及其他著作近十部,也发表过一些诗。——译者

出版了一本畅销书。尽管在那本书中展示了充分的社会良知，但是斯特朗仍然写道：

> 地球上闲置的耕地是有限的，且很快将要被占据……于是世界将进入一个新的历史阶段——种族的最后竞争，盎格鲁-撒克逊人为此而经受训练……于是这个拥有无与伦比能量的种族，凭借其众多的人数和背后财富的力量——我们原本希望它是最自由、最纯粹的基督徒和最高文明的代表——已经形成了独有的侵略特征，它计算着将它的创制施于人类，并传播到世界各地……有谁能怀疑这种种族竞争的结果将是"适者生存"呢？……除了一种心甘情愿地、顺从地接受同化以外，没有任何东西可以拯救劣等民族……这种竞争不是力量的较量，而是活力和文明的较量……是否有理性的空间来质疑这一种族……注定要剥夺更为弱小的种族，同化另一些种族，塑造余下的种族，直到他们成为真正重要意义上的盎格鲁-撒克逊人？①

有趣的是新教牧师作为美国文化主要发言人所持续的时间。约西亚·斯特朗之后很久，他的观点仍具有一定的影响力，美国的政客们还会以布赖恩和威尔逊的腔调继续应和他。直到今天，这种传

---

① 温思罗普·S.赫德森（Winthrop S. Hudson）编，《美国的国家主义与宗教》(*Nationalism and Religion in America*, Harper and Row, 1970)，第 115—116 页。

统通过像莱因霍尔德·尼布尔①和马丁·路德·金这样的人而延续,只不过近来也能听到其他声音,并且新教牧师不如从前么有代表性了。甚至在南北战争之前,尽管只是偶尔出现且只有少量听众,但是美国文化已经找到一种独立于牧师的声音并且开始强调国家意识了。如果我们将 D. H. 劳伦斯提及的作品作为经典的美国文学,或者将 F. O. 马蒂森提及的作品作为美国文艺复兴的话,我们的第一印象也许是世俗文化与新教文化形式之间的距离是多么近而不是多么远。作为反蓄奴运动的发起人,爱默生最初是一个牧师,并且一直将演讲作为他(写作)的主要形式,这实际上是一种世俗化了的布道。甚至像梭罗、梅尔维尔和惠特曼这样的作家,依然强烈地受到口语表达的影响,这是美国高雅文学的主要语言特色。但是在那些口语表达中却日益包含了无法在新教讲坛上传达的内容。爱默生1838 年在哈佛神学院发表一次演讲后,三十年未被再邀请,因为他的自由宗教的观点亵渎了神。梭罗在他的论文《论公民的不服从权利》(Civil Disobedience)里可能说出了几乎最强悍的牧师都不愿意说出的话:"这个民族必须停止蓄奴,必须停止向墨西哥开战,否则代价将是他们民族的灭亡。"②

如前文对梅尔维尔的引用,许多世俗文化的演讲者所表达的关于相信美国是被拣选民族的各种版本,都会让神学家脸红。但是

---

① 莱因霍尔德·尼布尔(Reinhold Niebuhr, 1892—1971),20 世纪美国最著名的神学家、思想家、新正派神学的代表,基督教现实主义的奠基人。他的思想和活动深刻影响了 20 世纪的美国社会,是美国社会变革的推动力量。——译者

② 亨利·戴维·梭罗(Henry David Thoreau),《论公民的不服从权利》(*Walden and Civil Disobedience*, Signet, New American Library, 1960),第 225 页。

梅尔维尔后来改变了他的想法,而且在他几乎被美国忽视的一段时间里,他对约西亚·斯特朗发表的一篇布道文做了最鞭辟入里的分析。这一分析从未被发表。在1876年出版的长诗《克拉瑞尔》(Clarel)中,梅尔维尔写道:

> 如土耳其人般残酷:从何处来,
> 像十字军东征一样古老的谚语?
> 来自盎格鲁-撒克逊人。他们是什么人?
> 缺少恩典的盎格鲁-撒克逊人,
> 将要赢得任何种族的爱戴;
> 被剥夺了权利的无数人所痛恨
> ——东西部的印第安人,
> 这些星球上的强盗啊!掘墓者——
> 坟墓,这些伪善的拜金主义强盗,
> 打着耶稣基督和贸易的旗号,
> (噢,圆盾的黄铜顶!)
> 将毁灭这个世界最后的森林和芳草地!

58

没有任何条件或依据,梅尔维尔依然足以在主要的宗教传统中调和新美国版本圣约所带来的后果。他说:

> 假设:
> 如果一个民族没有任何障碍地开始,
> 或者让他们从先前统治的地方开始;

> 尽管竭尽全力去忘记,
> 但是这个卓越的民族,
> 留给自己的只是自然偏好,
> 和他自己的天赋与意图;
> 如果出于上天的讽刺,
> 一个世界,一个新世界已经被给予,
> 作为事件上演的舞台;
> 如果这样的民族是好的,
> 人们就会听到地狱的铜鼓!

最终,这种人将会背弃所有的圣约,并且跟上帝这样说:

> 如何获利?你是谁?
> 我们应当侍奉你?
> 用你的方式,我们不渴求任何知识;
> 我们似乎已经找到更好的新方法。
> 走吧——远离我们……

随之而来的结果便是梅尔维尔所说的可怕的"黑暗的民主时代"。①

在美国和西班牙战争时期,尤其是在吞并菲律宾问题的大争论

---

① 赫尔曼·梅尔维尔,《克拉瑞尔》(Clarel, Hendricks House, 1960),第434、481—483页。

中，关于盎格鲁-撒克逊民族的优越性和美国的帝国命运问题吸引了全部公众的注意。许多像贝弗里奇参议员一样的人认为，作为被拣选的民族，我们有义务吞并菲律宾以便将神的福佑带给他们。但是，如纽约长老会的牧师亨利·范戴克（Henry Van Dyke）所回应的："如果那是真的，我们将无法完全尽职……除非我们也可以吞并治理不善的西班牙……对美洲大陆上印第安人的所作所为……让我们感到骄傲吗？……我们在中国问题和黑人问题的处理上取得的成功已经臭名昭著，难道我们还想在八千英里以外的地方再放大地重复一遍吗？"还是我们应该回到"那些摆在我们面前的尚未解决的问题上，我们的城市管理不善，我们的领土被忽视了……"。①

威廉·沃恩·穆迪（William Vaughn Moody）在书写同样的事件时，意识到了被打破的圣约（the broken covenant）所带来的诅咒：

> 为了拯救，我们让这些岛民自由，
> 那些遭受挫败的灵魂，
> 诅咒我们离开令人心碎的海岸，
> 那里通向令人沮丧的死亡。
> 令人昏醉的杯理当被倒空，
> 令人惊奇的酸面包亦如是，
> 万念俱灰必将染白双鬓，
> 并在帐中恸哭……②

---

① 赫德森，《美国的国家主义与宗教》，第122页。
② F. O. 马蒂森编，《牛津美国诗选》（Oxford Book of American Verse, Oxford, 1950），第462页。

也许最简洁明快的要属斯坦福校长戴维·斯塔尔·乔丹（David Starr Jordan）对"自由可以征服，但更要拯救"那句口号的嘲讽了，他在1899年说，如果盎格鲁-撒克逊民族"注定与道德格格不入，并且无法实现和平，如果这个民族注定不讲承诺，并且一定要欺凌弱小民族的权利和意志，那么这个民族越早灭亡，这个世界就越好"。①

对加里森、梭罗、梅尔维尔、穆迪、乔丹和接受他们演说的那些美国人来说，离开圣约中的强制义务，被拣选的概念将成为一个通向地狱的路标。

---

① 拉尔夫·亨利·加布里埃尔（Ralph Henry Gabriel），《美国民主思想的历程》（*The Course of American Democratic Thought*, The Ronald Press, 1956），第385页。

第三章 在美国的救恩与得胜

1

到目前为止，我们已经考察了美国国家意识在17至19世纪发展起来的许多组织化的象征和神话元素。我们看到欧洲殖民者如何深深植根于圣经的象征系统，以及他们如何反复运用圣经原型去解释他们在美洲大陆上的各种经历。"新世界"这个词中新的本义似乎承载着一种更加激进的新的意思：在千禧年到来，时机成熟之际，上帝恰好在北美洲这里开始创建一个新天新地的新世界。

从17世纪早期至今，对美国每一代的新教徒都非常重要的是，他们在自己的皈信体验中都已经获得了一种彻底圆满的预示。但是皈信并不仅仅是一个奖励——重获永生；它也必须承担义务——按照主的方式行事。那些方式被概括为与上帝立约的观念，即将信神的男男女女，或者说"新"人们与上帝连接起来。皈信和立约是一种非常喜乐的体验，并且使早期的美国人确信他们是被上帝特别拣选的民族。这一民族经常被认为有无穷的力量，这种力量无疑部分来自那种确信被神喜爱的感觉，这与一个孩子被他的父母所特别喜爱的感觉类似。但是早在17世纪，与上帝立约和随立约而来的福佑的不确定性已被深刻地体验到。人们倾向于按照自己而非上帝的方式去做事，倾向于考虑自己的私利而非公益，而这些都被清教徒的牧师们所察觉并谴责。但是，比牧师们所觉察的更为严重的是，殖民者们几乎在与神立约之前就已经背弃了与神的约，因为他们就是在对其他种族的奴役和屠杀的深重罪行的基础上建立起他们的新联邦的。他们对与神立约的理解的排他性已经曲解了这个圣约。关于这一点我们将在下一章有更多的说明。

先于18世纪70年代的独立革命的，是18世纪40年代横扫所有殖民地的第一波伟大的复兴浪潮。皈信的体验再次导致了一个约定的形成，这次是关于新共和国的约。19世纪早期的第二波复兴浪潮先于南北战争。神圣救赎的全新体验强化了国家约定的不完美感，并要求在长期的奴隶制的苦难之后将国家净化和更新。宪法和南北战争带来的修正案都是完全世俗的文件，但是它们却体现了一个与神立约的民族用可能的最高标准来指导生活的道德承诺。很正常，这些法律条文的实际应用总是与他们制定者的期望相距甚远。如果我们既要理解那些美好的愿望，又要理解实现它们的无力感，那么我们就必须试图理解这个与神立约的民族的特质——他们带着从古老的宗教、政治和个人生活中解放出来并寻求新生活的迫切需要，与此同时他们也面临着除旧布新过程中通常产生的道德困境。在前面两章中，我们更多谈及了我们核心主题的宗教和政治特性。在本章中我们必须考察这些主题在个人层面上的涵义。

我们已经看到对国家的夸大是多么容易摆脱圣约的控制而变成帝国主义。我们将不得不考虑对个人的夸大会采取何种类似的路线以对社会中的其他人形成咄咄逼人的支配。在处理各种道德主义的变体时，我们自己很容易成为道德说教者。我们必须记住，对于一个社会或者个人而言,最好和最坏常常是紧密相连的。创造和侵略的力量之间往往仅有一线之隔。美国人所具有的充沛能量与活力是一个健康人格所必备的。但是,如果要将精神分析学家有时称之为冲动的那种力量变成一种成熟的品质的话,就必须具备结构,必须通过控制以达至某种平衡。在个人生活层面上,象征和神话在刺激和调动心理能量以及将其赋形并加以控制方面发挥着重要的作用。在本章我们将继续讨论皈信和立约,解放和立宪的问题,但是是在个人生活和生命史层面上进行讨论。

2

埃里克·埃里克松指出,每一种国民性都是从对立两极中建构的。① 在美国,这些对立都非常极端以至于它们似乎不可能组合在一起。美国人一直被过分赞誉或谴责为唯心主义者或唯物主义者,无政府主义者或墨守成规者,世界上最大方的慈善家或者世界上最有效率的杀手。这些明显的冲突也许就植根于起初将人们带到美洲大陆上的本质上各不相同的动机。他们有的来寻求救赎,有的来寻求富贵,或者常常是两种理由兼而有之,往往连他们自己都不清楚。不管这两种不同的动机看上去有多么尖锐的矛盾,他们似乎经常在上帝和财神玛门之间、上帝和魔鬼之间做出一种完全矛盾的选择,实际上这两者在深层次上并不是毫不相关的。它

---

① 埃里克·H.埃里克松(Erik H. Erikson),《儿童期与社会》(*Childhood and Society*, Norton, 1963),第85页。

们可以被看作是对同样的神话原型的不同解释,即对伊甸园的不同追求;一个是追求此世的伊甸园,人们的冲动在此时此地被满足;另一个是追求未来某一时刻的天国的伊甸园。这种两分法也许太简单,因为在一些解释中,救赎可以随着即刻的狂喜而出现,而财富的伊甸园常常退入到虚幻之境中。但是,在作为美国神话发源地的宗教文化中,两种动机之间的张力无疑被看作是此世快乐与彼世快乐之间的张力。也许我们应该从这个问题的清教徒解释入手,因为令人惊异的是,直到今天不管是美国文化还是反文化都仍然是清教主义和道德主义的,而且它们常常否认与17世纪的连续性。

我们已经看到,约翰·温思罗普1630年在船上所发表的布道词中向信众提出的选择问题,是坚守与神立的约,还是寻求"我们的肉欲,为我们自身和后代追求伟大的事业",谋求"我们自己的快乐和收益"。尽管这两种选择已经被清晰表述并常常被重复提及,但是清教主义的方方面面却难以保持两者之间的对立。众所周知,清教徒认为在主的呼召下做事很崇高。在旷野中建造营地和建立山上之城被理所当然地看作是神对马萨诸塞湾殖民者诫命的一部分。好的基督徒事工相信会得到神的奖赏。威廉·科尔宾(William Corbin)牧师对他的信众承诺说,这(指事工)将"使得天国在你们的居住地周围普降甘露,使土地肥沃,物产丰富;你们将得到充足的供应以保证你们生活的富足和舒适……"① 许多真正的新英格兰移民发现这些承诺得到了兑现。据宾夕法尼亚的贵格会教徒说,他们开始

---

① 霍华德·芒福德·琼斯,《当幸福来敲门》(*The Pursuit of Happiness*, Cornell University Press, 1966),第1页。

行善并且做得非常好。然而，这两种动机间的张力在原则上得以保持，正如科顿·马瑟①在一篇《职场上的基督徒》(*A Christian at his Calling*)的布道词中所指出的：

> 一个基督徒应当以**虔诚**从事其职业……啊！让每个基督徒在按天职从事自己的工作时都与上帝同行，在工作中考虑到上帝，仿佛在上帝的眼皮底下工作吧。先生们，我下面说的话是非常奇妙的：一个穷人，他关注上帝呼召他所从事的工作，在自己一切的工作中都织入一缕神圣的丝线，他最终在天国得到的可能是一些最高的荣耀。
>
> 但是，现在有这样几点要提请大家注意：
>
> 第一，不要让你个人天职的工作吞噬了**普遍天职**的工作。人啊，你们要小心，免得落入与科拉（Corah）一党同样的命运，甚至被地吞灭……终有一死的人啊，不要忘记，你有一个不朽的灵魂需要满足。不要为生命忧虑吃什么，喝什么，为身体忧虑穿什么，而要忧虑"我当做什么事，才可以得救"，不要忧虑前者而忘记了后者。对很多为工作中各种事务缠身、不得解脱之人，我们可以引用《路加福音》第10章第41至42节，对他们说："你为许多的事思虑烦扰，但是不可少的只有一件。"为了减轻身体需要的缺乏，你认真地做该做的事，这没错，做吧，做吧。但是，你的灵魂，你的灵魂的得救，与基督相亲，

---

① 科顿·马瑟（Cotton Mather, 1663—1728），英克里斯·马瑟的儿子，一个在社会上和政治上有影响力的新英格兰清教牧师，多产的作家。因为对塞勒姆女巫审判的大力支持而闻名。——译者

与基督——你灵魂唯一的救主——合一，这才是那唯一不可少的事。无论你做什么，都不要愚蠢轻率到忽略这事的地步！啊！要努力确保在最后审判的时刻，你不但看到永恒中巨大的幸福，还看到这句话的应验："你们要先寻求他的国和他的义，这一些就都要加给你们了。"(《马太福音》第6章第33节)①

约翰·班杨在《天路历程》一书中描述了美国历史上最有影响力的一种基督徒生活模式。这本书是17世纪新英格兰的畅销书，并在其后的数十年中成为虔信的美国家庭中仅次于《圣经》的一本书。这本书直到19世纪甚至20世纪依然广为阅读。这本书讲述了一个基督徒通过耶稣窄直的边门进入救赎之地的故事，他从罪的重负下解脱出来，经受了此世的诱惑和迫害艰难前行，最终抵达天国之城。对马瑟而言，正是这种过于关注我们个人呼召或身体欲求的诱惑使我们偏离了通往天国之城的道路，尽管在他们自己的领地上这种事并不是错事。

3

关于清教徒并非清教徒主义（puritanical）的观点已成为一种时尚，即清教徒有一种自然主义的身体观，承认身体的自然功用，并且不用维多利亚时代过于拘谨的言行去谈论身体。这种论断也许是

---

① 摩西·里斯金（Moses Rischin）编，《美国成功的福音》(*The Amercian Gospel of Success*, Quadrangle Books, 1965)，第29页。(此处《圣经》经文的翻译参考了和合本。——译者)

对的，但是清教徒依然对身体保持一种深深的怀疑。这种怀疑一直在美国文化中作用着。而且他们感到，在所有有生命的事物中，身体是最"容易堕落且特别容易腐化的"。他们通常将"卑鄙的""肮脏的"和"不洁净的"等形容词用在身体上。当乔纳森·米切尔（Jonathan Mitchell）将身体称之为"破旧的疯狂腐烂之所"时，他浓缩了清教徒的观点。① 在身体易于遭受的各种腐化堕落中，性无疑是最受关注的对象之一。要理解清教徒对性和身体的怀疑，我们必须在神人关系的大系统中探寻其更广泛的意义。身体，尤其是性，是非常危险的，因为他们有能力使人摆脱对神的依赖，并且使人找到他自己的原则。对加尔文主义者来说，人的境况已经彻底堕落了。离开神的恩典，人将一事无成。一个人可以完成自己的救赎的想象就是这个人该下地狱的明证。如科顿·马瑟所说，"他们相信自己的心，他们真傻"。② 所以身体并不因其自身而可怕，而是因为它是反叛神的源泉。由于被情欲所蒙蔽，我们无法看到我们自己救赎的神圣计划；同样被情欲所蒙蔽，我们走向了永恒的毁灭。

然而，对一些象征性罪行的专注，必定给现代的观察家留下几近病态的印象，在下一章中我们将看到这种专注是如何可能导致进犯他人的。当马瑟创立他的"压制失序的协会"时，被压制的主要"失序"是酗酒、渎神和淫乱。③ 协会成员看到这种行为时，将向所在的组织报告。在波士顿，当协会中的某个成员搜集到常去妓院的

---

① 米德尔考夫，《马瑟一家》，第202页。
② 同上书，第257页。
③ 同上书，第271页。

年轻人名单后,马瑟让这个协会"给每一位淫乱者写谴责信"。①但是如果这些偏离上帝窄直小路的行动过度消耗了马瑟和他同事的精力,他们会意识到并频繁地谴责更深层次的社会罪行,即专注于谋取个人私利而缺少对其兄弟姐妹的仁慈。在早期新英格兰清教徒中,用经典术语而非感性的坚持者并不常见,科顿·马瑟在讲道时指出,改革这些不同形式的罪恶的唯一希望就是在基督中复活,重生,不是凭借自己的力量,而是神的力量。②当马瑟开始对出现这种整体的改革绝望时,他越来越专注于末日的预言。事实上,这种整体的改革直到1740年乔纳森·爱德华兹的大觉醒时代才发生,此时科顿·马瑟已经逝世十二年了。他认为,如果这一代已经在邪恶中沉沦,也许神将很快采取行动,给人们带来新天新地,从而彻底实现马瑟无法通过布道所带来的改革。由于一连串改革方案被他的同伴所拒绝,由于他深深地怀疑自己和其他人的生活动机,以及由于他逐渐精神错乱的第三任妻子对他的粗暴诅咒,科顿·马瑟在其人生的最后几年中成为一个悲剧性的人物。但是不像在他之后的许多其他人,他知道他是谁,他为何在此以及他将要到何处去。从那时起,那倍加珍贵的意义在美国已渐渐远逝,但对他而言依然是完满的。

4

如果出于我们的目的将科顿·马瑟视为一种清教主义的原型,

---

① 米德尔考夫,《马瑟一家》,第272页。
② 同上书,第255、257页。

因其相当充沛的精力被严格控制并被奉献给神圣计划的崇高意义，那么本杰明·富兰克林相对于很多同时代人，则是世俗美国人的原型。实际上，这两种人之间的差距在某种程度上并不是很大。尽管富兰克林早期曾经讽刺过马瑟，但他还是深受马瑟的《为善散文集》(Essays to Do Good)的影响，这本书为他自己的哲学提供了框架。此外，富兰克林的第一本读物是《天路历程》，其作者班杨是他最喜爱的作家。查尔斯·桑福德（Charles L. Sanford）令人信服地指出，著名的《富兰克林自传》事实上就是对《天路历程》的模仿。富兰克林在通往此世成功的路上所经历的考验与磨难与一个基督徒在通往天国之路上所经历的考验与磨难是相类似的。[①] 富兰克林的道德完美计划在内容上无疑是清教徒的，尽管马瑟因其完全为自己做工从而缺少恩典而厌恶这一计划。

不过，尽管每个要素都是清教徒所熟知的，但是这一模式在千变万化中已经发生了彻底地改变。我们显然处于与科顿·马瑟完全不同的世界中。马瑟的神圣计划虽然没有完全消失，但是却变得越来越细微、抽象和弱小。虽然现在的世界已经没有了圣经意义上的神，但却仍然有自然神论意义上的超自然的存在。虽然现在的世界已经没有了末日审判，但却仍然有来世，在那里善有善报，恶有恶报。但是现在的世界没有了皈信，没有了基督里的重生，没有了与神立的约。相反，现在的世界只有对世俗的个人进步和公共利益的追求。这些追求没有马瑟所表现出来的关注：对世俗利益的追求

---

① 查尔斯·L. 桑福德（Charles L. Sanford），《寻找伊甸园》(The Quest for Paradise, University of Illinoise Press, 1961)，第 125 页。

实际上多少是对超自然信仰追求的一种形式。虔诚已经被谨慎所取代。此外,尽管发生了如此巨大的变化,冲动和控制之间的平衡却几乎没有改变。这也驱使 D. H. 劳伦斯在他书中关于富兰克林的那章将《富兰克林自传》批判得体无完肤,并为我们展示了美国人本质的基本构造。与马瑟相比,富兰克林可能允许自己更多一点堕落,更少一点罪恶感,但是劳伦斯所说的"必不完美的铁丝网"(barbed-wire of shalt-not ideals)依然竖起。① 尽管我们无法确定美德是为了个人利益还是为了表面上的公共利益("诚实是最佳策略"清楚地说明了这个问题),生命的冲动还是被紧紧地控制着。也许它愈发被减弱了,因为控制冲动的目的不像马瑟时代那样具有英雄主义和紧张的色彩。

当然,我们不应忘记富兰克林绝不是仅仅献身于私人利益。他是独立革命的重要人物之一,而且他真正参与了解放的论辩和自由宪章的颁布。但是最终,在费城发家的波士顿学徒的氛围战胜了国父的贵族立场,我们记得他的精打细算远远超过他的共和美德。不过,与马瑟相比,由于他所有的世俗性——如果马瑟取代富兰克林在凡尔赛宫廷的位置,很难想象他除了茫然无措,还有什么能做的——富兰克林拥有了一种马瑟所没有的道德天真。劳伦斯说富兰克林身体里有着孩子的一面、老人的一面,或者比祖父更聪明的孩子的一面。但是(他)却没有成年人经验中的道德复杂性。将情感与想象力浓缩在一起的富兰克林本质上还是美国人,由此他似乎以

---

① D. H. 劳伦斯(D. H. Lawrence),《美国古典文学研究》(*Studies in Classic American Literature*, Doubleday Anchor, 1953),第 31 页。

某种方式逃脱了罪恶和绝望的蹂躏,他从不喊叫"我必须做什么才能够得救?"他是美国名人行列中只获得一次生命(once-born)的第一人——对灵魂的重生没有深切需求的人——他们不加区别地奉献他们自己和他们的责任,孩子般地开心于他们自己的成功,只是极偶然地品尝往事如烟灭的苦涩。

5

那种认为从科顿·马瑟到本杰明·富兰克林的转变是种从宗教到世俗的一劳永逸、不可逆转的转变想法是完全错误的。我们应当记得,乔纳森·爱德华兹与富兰克林几乎是同时代人。这个让马瑟都相形见绌的虔信的英雄和一个典型的出生两次(twice-born)的人仅比富兰克林大三岁。而且毫不夸张地说,他对现时代的影响与富兰克林同样持久。富兰克林的《自传》尽管仿照《天路历程》,但从未取代过它。事实上,一代又一代的美国人都同时阅读这两本书,同时感受到两种不同的人生之路意象的牵引,并且常常无法在两者之间做出非常明确的区分。

然而,同样真实的是,乔纳森·爱德华兹是 20 世纪之前最后一位掌握了基督教传统中所有富于想象力的资源的新教神学家。[①] 爱

[①] 康拉德·彻丽指出,我忽视了将霍勒斯·布什内尔(Horace Bushnell, 1802—1876)列为与爱德华兹和尼布尔齐名的 19 世纪主要的神学家之一。关于布什内尔也可参见菲利普·里夫(Philip Rieff)在他的《论知识分子》(*On Intellectuals*, Double-day Anchor, 1970)一书序言中所做的有趣评论,第 9—10 页。

德华兹对于意象的使用是空前的,他站在了美国复兴派讲道传统的最前列。他亦精通于基督教思想的知识结构和基督教神话的意义系统。在他之后,像这种布道与思想的联合开始分崩离析了。尽管后来有难以计数的生动的布道者和干巴巴的系统神学家,但是此后却不再有任何美国人完全精于用基督教的象征意义结构去创造性地塑造它现在的需要,直到最近的世俗文化和欧洲思想的新潮流才开启了新的可能性。

我不想假装知道美国新教想象力逐渐枯竭的所有原因——而且,在象征层面上创新性的失败不应使我们无视新教冲动在个人性格和社会运动上所具有的持续力量。不过可以确定,无法被忽视的一个原因是自18世纪中叶以来逐渐在美国居于主导地位的,威廉·布莱克①所说的"单一视域"(single vision),以及随之而来的整个社会和文化的混合体。单一视域是由布莱克视为魔鬼三角的培根、牛顿和洛克所传播的一种世界观。它只依靠理性,而感觉不到任何对被西方宗教和诗意传统所长期浸润的想象视域的需要。对布莱克而言,双重视域(twofold vision)就是意识到总是存在显现之外的事物,以及在每一个显明的事实背后都有一种深不可测的内涵和意义。布莱克对美国做了很多思考,其见解与美国人的经历密不可分,尽管美国人在一个世纪之后才发现他的价值。他相信,像单一视域所做的一样,去除事物所隐含的意义深度是一种休眠或死亡。如果我们联想到杰斐逊口中的开民智三杰正是培根、牛顿和洛克,

---

① 威廉·布莱克(William Blake, 1757—1827),英国的诗人、画家、版画家,是浪漫主义时代诗歌和视觉艺术史上的重要人物。主要诗作有诗集《纯真之歌》《经验之歌》等。——译者

并且如大多数国父一样,杰斐逊是一个只有一次生命的人,我们就可以理解单一视域在共和国早期岁月的日益盛行了。19世纪上半叶伟大的宗教复兴运动宣讲了两次生命的宗教,并且使美国的信教比例高于其他国家。但是由于他们没有重生的双重视域,没有创造新的神话和象征,他们无法阻挡单一视域的潮流,最终也无法阻止两次生命宗教所遭遇的侵蚀。

当然,我们不能完全根据实用的功利主义,即无意识的洛克主义所具有的说服力来解释新教想象力的枯竭和单一视域的兴起。这种思想非常符合美国人的常识观念。我们也不能完全依据以培根和牛顿为代表的声望日隆的实验科学来解释,尽管这是很重要的一个方面。实用理性主义是美国的本土哲学实用主义的基础,对它的根本诉求与在美洲这块处女地上谋取暴利所需要的一种扩张的工商业经济和先进科技相契合。建造山上之城与英克里斯·马瑟提到的地产投机热之间的张力到独立战争时期并没有消失。共和国的许多立法者、宪法的制定者都是大规模的土地投机商。富兰克林和杰斐逊都不反对扩张他们的产业,尽管后者意识到了将赚钱的目标凌驾于公民美德之上所具有的内在危险。富兰克林和杰斐逊对能使美国工农获益的科学和技术进步都深感兴趣。美国人的典型特征——我们在机械上的天赋、我们的活力四射、我们对建设的渴望——都是在漫长的经济和技术增长的背景下发展起来的。

但是过于关注世俗的实践成果所付出的代价就是其他维度的人类经验的减少。最终结果直到19世纪末和20世纪的最初几十年才得以显现,那就是用"成功"一词所概括的一种人类生活意义的构想。这个构想如此狭窄，相比较而言，富兰克林和杰弗逊就像复杂性的巨人一般。南北战争以后，随着工业资本主义占据支配地位，在美国，成功变成了一个只是字面上的目标——它意味着事业上的成功，或者更粗俗地说就是金钱。如约翰·C.凡·戴克（John C. Van Dyke）在1908年所说，"每个人都知道大众眼中的成功就是金钱"。①

6

对于有双重视域的人来说，没有什么比成功这一目标更虚幻、比金钱更错误的了，在19世纪仍然有大量的新教传教士继续这样说，但是到了19世纪末，他们有些人的声音开始发颤了。

1830年，乔治·库克曼（George Cookman）对循道宗信徒发表演讲时说，基督教最强大的对手是"你们的冷酷、自私、斤斤计较，普通人将所有问题还原为仅仅是一个利益得失的问题"。1857年，约瑟夫·汤普森②说，"商业不能被人托付给人类的道德利益。它没有任何原则来抵挡贪得无厌的强力诱惑"。③约西亚·斯特朗甚至早在其1885年的著作中就已经引证了关于人类的盎格鲁-撒克逊化的问题，他有一两处疑问，即他所赞许的盎格鲁-撒克逊人的每一个

---

① 欧文·G.维利（Irvin G. Wyllie），《在美国白手起家的人》（The Self-Made Man in America, Free Press, 1966），第4页。

② 约瑟夫·汤普森（Joseph Thompson），美国政治家，俄克拉荷马州的国会议员。——译者

③ 米勒（Miller），《心智人生》（The Life of the Mind），第53页。

特征是否都与基督教相容。他写道:

> 在商业活动的推动下,人类的天性趋向将生命变成一个旋涡——一个巨大的、将所有事物都吸进去的旋涡。今天所需要的是一场运动的伟大转折点,将生命变成一个喷泉。在某种特定的意义上,这就是盎格鲁-撒克逊人的需要。对自由的强烈热爱与贪得无厌的心理给予了他们强大的诱惑,使他们不再自我克制。我们不会称任何人为主,我们必须奉耶稣基督为主。我们将拥有所有;我们亦将献出所有。①

但是,对于19世纪许多广为人知的传教士来说,关于财富所带来的危险的告诫变得越来越流于敷衍。宗教和财富、宗教和商业越来越被看作是同一项事业中的部分。马修·H. 史密斯(Matthew H. Smith)在1854年写道:"出于商业的目的,亚当被创造并被置于伊甸园中;如果他完全从事上帝造他时所赐予他的职业,那么他会在竞争中做得更好。"②伟大的清教徒们,如温思罗普、马瑟、爱德华兹等,尽管也强调努力工作的价值,但是却对宗教和此世、上帝和玛门之间的张力更为敏感。而到了19世纪晚期,这种张力在许多方面几乎完全消失了。格雷戈里(D. S. Gregory)在19世纪80年代广泛使用的一本伦理教科书中可以这样写道:"通过正确地使用财富,人们可以极大地提升和扩展他们的道德工作……为了一个善良而崇高的

---

① 麦克洛林(McLoughlin),《美国的福音派》(The American Evangelicals),第208页。

② 维利,《在美国白手起家的人》,第61页。

目标，道德的监督者已经赋予人私欲的力量……"① 最终，马萨诸塞州大主教威廉·劳伦斯在1901年写道：

> 财富最终仅仅流向那些有道德的人。我们相信上帝所创造的宇宙的和谐。我们知道，只有服从神的自然律法和精神律法的指引，我们才能有效率地工作。只有沿着正确的思想和正确的生活道路工作，大自然的秘密和财富才可能彰显……虔敬与财富相连……物质上的繁荣有助于我们的民族性格更甜美、更喜乐、更无私、更似基督。这就是我对物质繁荣与道德之间关系问题的回答。②

很显然，在如此和谐的宇宙中，无需双重视域。单一视域揭示了宗教和商业上的单一真理。当阿米尼乌斯教派③的学说或者态度在许多受欢迎的复兴主义者中间传播时，其强调的重点在于意志的改变而非彻底的重生，在于人有能力改变自己而非寻求旧我的死亡和在基督里的新生。这种教导几乎将加尔文主义关于人的原罪观完全颠倒过来。不管是人类还是世界，至少在美国，它们在本质上都是无辜的。人生道路上有许多陷阱和诱惑需要规避，但是它们是偶然出现的，而非人类的必然境况。在这种简单而和谐的

---

① 加布里埃尔，《美国民主思想的历程》，第157页。
② 同上书，第158页。
③ 阿米尼乌斯教派（Arminian），欧洲宗教改革时期的异端教派，其领袖阿米尼乌斯（Jacobus Arminius, 1560—1609）为荷兰新教神学家，坚决反对加尔文教的"预定论"。——译者

关于人类存在的观点中，此世的成功就是道德高尚和宗教救赎的明显证据。到19世纪末，以事业成功为荣与其作为主要人生目标之间最后的文化障碍几乎被破除了。但是，正如本杰明·富兰克林的例子一样，这种关于人类新的和更无辜的观点并没有带来生命冲动的解放。尽管酗酒、淫乱等看上去不再像一个世纪以前那么罪恶，但是它们依然作为事业成功的障碍而被排除。在一个由常识和简单事实组成的世界中，美国人将情感和想象力浓缩在一起的性格已经愈发明显，而且这使得少数寻求更宏大人类理想的美国人感到愈发痛苦。

7

正是盎格鲁-撒克逊的新教徒创造了财富的福音和成功的理念。甚至直到1900年，全国的巨富中仍有九成是出自这个群体的。但是这个财富的福音却传播给了千千万万的人，其中包括大量既非盎格鲁-撒克逊人，也非清教徒的数以百万计的移民。如拉尔夫·加布里埃尔所说："这个信仰和哲学成为美国人生活中最有说服力的声音。它使得公路上充满了长途跋涉前往城市的农村孩子，它使得欧洲的乡镇冷冷清清。"但是在20世纪，就像美国历史上经常发生的情况一样，先知们再次起来指出这种国家理念具有地狱的一面。即使乔纳森·爱德华兹也会佩服他们的修辞，尽管在20世纪他们中很少有人来自教会。亨利·米勒（Henry Miller）已经揭露了对成功的追求那近乎疯狂的特质。在20世纪20年代，米勒在纽约一家电报公司做人事经理，他的主要工作是招聘电报报务员。一天，公司的副总大骂他，并说他希望看到有人写一本霍雷肖·阿尔杰①风格的关于报务员的励志书。关于这次事件，米勒写道：

> 我曾暗自思忖——你这个可怜的老家伙，你要等到有一天我将把对你的不满一吐为快……我将会给你一本霍雷肖·阿尔杰风格的书……我思想一片混乱，离开了他的办公室。我看到一大群的男女和孩子经过我，看到他们在哭泣，乞求，诅咒，唾骂，愤怒和威胁。我看到他们在高速路上留下的痕迹，他们躺在货运火车的地板上，那些父母衣衫褴褛，装煤的箱子空空如也，水槽里的水正在溢出，墙上挂着水珠，在一串串冷水珠之间蟑螂疯狂地窜动；我看到他们蹒跚前行，就像弯腿的侏儒或是像癫痫病患者发狂时一样向后倒……我看到墙在倒塌，大堆的害虫像长了翅膀的液体一样涌出来，高高在上的人，满嘴顽固的逻辑，他们在等待一切停止，等待一切都会平息，那样满足地等啊等……并且说混乱只是暂时的。我看到了霍雷肖·阿尔杰式的英雄，一个病态美国的梦，他越爬越高，首先是报务员，然后是接线员，然后是经理，部门负责人，主管，副总裁，总裁，信托大亨，啤酒大亨，再然后是所有美国人的主宰，金钱之神，众神之神，人上之人，寂寥虚无于高处，仍不过只是芸芸众生之一员……世界末日的第二天，当所有的

---

① 霍雷肖·阿尔杰（Horatio Alger, 1832—1899），19世纪美国多产的儿童小说作家。他的作品有130部左右，大都是讲穷孩子如何通过勤奋和诚实获得财富和社会成功。——译者

熏天臭气都消散的时候,我就给你霍雷肖·阿尔杰。①

更晚近的詹姆斯·鲍德温(James Baldwin)描述了一群美国人一直被最系统性地阻止实现成功梦的后果:

> 关于这个国家的黑人为什么长久地遭受如此残酷的对待,我想现在有一个很好的解释,一些是经济上的原因,一些是政治上的原因……一些是社会上的原因,所有这些原因都很重要,因为它们与我们的社会恐慌有关,与我们害怕失去地位有关。有时候这实际上相当于一种社会偏执狂。一个人无法承受在这种特别的阶梯上失去地位,因为美国人生活中盛行的观点里似乎包含了一种拾级而上通往某种非常向往的状态的意义。如果这是一个人生活的观念,很显然他无法接受哪怕下滑一个阶梯。当一个人真的向下滑了,他滑落的不是一个台阶,而是滑落到混乱之中,不再知道他自己是谁。正是这种恐惧性原因让我明白了黑人在这个国家中为什么处于如此地位。在某种意义上,黑人告诉了我们底线在哪里:因为他们在那里,就在我们的脚下,所以我们知道我们的底线在哪里以及我们不能落下多远。我们一定不能落到他们脚下。我们永远不能允许我们自己降到那么低的水平,在此我并不是想说讽刺或者愤世嫉俗的话。我想如果一个人仔细考察这个国家急剧增多的关于黑人的

---

① 引自 K. 夏皮罗(K. Shapiro)为亨利·米勒的《北回归线》(*Tropic of Cancer*, Grove Press, 1961, P. viii)一书所写的导论部分。

神话,他将在这些神话下面发现一种沉睡多年的、对某种境况的恐惧,我们都拒绝想象那种境况。从某种意义上说,如果黑人不在那儿,我们可能被迫在我们自身或我们自己的性格中处理强加在黑人身上的那些所有的恶习,所有的难题以及所有的迷思。①

8

有人认为,在高度集中的经济力量使得一夜暴富不太可能之后,尤其在大萧条之后,20世纪的人们对成功的追求变得更为适度了。在20世纪40年代末,埃里克·埃里克松对青少年男生进行了研究,在某种意义上他将他们作为典型的美国人。对于这些年轻人来说,成功的理想似乎特别温和。这些肌肉发达的高挑的男孩们绝大多数是盎格鲁-撒克逊人,用埃里克松的话说是"温和的清教徒"②,他们的突出特征是自主、高效和体面。他们的性格特征非常适应美国的职业领域,并获得了一定的成功。自主、高效和体面的年轻人显然不是任何社会需要道歉的原因。正是这群人所创造的巨大的生产力使得美国成为世界上最富有和最强大的国家。

然而埃里克松却注意到了这些年轻人令其担忧的某些事情。他们通过一定情感上的自我控制来避免精神官能性的冲突:他们不愿意更多地交谈或者思考,而是感到在行动中,在运动或者工作中更

---

① 詹姆斯·鲍德温(James Baldwin),《无人知道我的名字》(*Nobody Knows My Name*, Dell, 1963),第111—112页。

② 埃里克松,《儿童期与社会》,第308页。

舒服。事实上,埃里克松说:"我们的男孩是反智主义的。任何拥有太多想法或者感受的人在他看来似乎都是'怪人'。这种对于感受和思考的反感,从某种程度上源于对感官享受最初的不信任。"① 这种不信任主要源于有一位倾向于有点冷酷和道学气的母亲,这样的母亲在他们还是婴孩时就故意地不够慈爱、不够母性。他的父亲也类似,尽管友好且对他不构成威胁,但却羞涩且远离他,因此与他的关系并不亲密。埃里克松发现,这样的男孩尽管健康、友好,但却与他们的身体有些疏远,很难相信他们的生殖器是他们自己的一部分。最让埃里克松担心且现在看来最具讽刺意味的是,这些年轻人看上去不具有任何反叛的能力,也无法质疑自己社会最基本的那些事物。埃里克松不可能知道他也许正在目睹最后一代的美国典型男孩(all-American boys)。

从上面的描述中我们可以清楚地看到,尽管我们从科顿·马瑟那一路走来,但是潜藏的关系依然很牢固。在埃里克松的笔下,美国典型男性在昔日曾取得巨大成就,不过我们也许应为此类男性的迅速消失而庆祝。但是如果考虑以多大代价创造了这种典型男,也许更具有启发性。代价之一就是在美国人生活中的妇女的角色。美国妇女一直被要求扮演一种特殊的辅助角色。在新教传统中的妇女几乎莫名其妙地代替了牧师而成为了美国人良知的守护者。在19世纪的浪漫小说中,英雄们在与一些深色头发的、往往是非盎格鲁-撒克逊裔的风月女子不慎交往后,最后总是与贞洁但不性感的金发碧眼女子结婚,这一点我们不得不承认。西部电影延续了这种

---

① 埃里克松,《儿童期与社会》,第319页。

在有人娶的好女人和没人娶的酒吧妹之间刻板印象式的区分。好女人的主要作用不仅在于维护她丈夫的道德理想，还要有效地控制她儿子的情绪，使他可以抵御任何感官上的诱惑，从而达至体面和高效。当那个强壮、沉静、前卫的女人清心寡欲地看着她的丈夫和孩子去做事时，她至少有了在这个家庭小世界中成为道德中心的满足感，尽管她不仅仅是情感饥渴的源泉，也是这种情感饥渴的主要牺牲者。这种女人在她的男人那里产生的罪恶感是不容低估的。与煤、电甚至原子能相比，这种罪恶感更有力地推动了美国工业巨大的、难以计数的车轮。但是除了少数优秀的例外，女人们忙于在美国社会中扮演为男人提供动力的能量供应的主要生产者的角色，而没有时间在公共舞台上表现她们自己。因此，尽管我们有很多男英雄，却很少有女英雄，当然这种现象现在正在改变。

我想同样的症状有助于我们理解美国社会中对年轻的狂热崇拜。当美国人的理想在19世纪逐渐清晰地表述为道德和宗教理想间一种无张力的和谐以及对经济成功的追求时，它需要具有一种关于人类生活的特有的天真观念。为了维护这种和谐理想的完整，美国人不得不排除生活中更加黑暗的道德含混的地方，排除人类经历中悲惨的一面，保持坚定的乐观主义和"正面思考"。但是中年生活并不善待世人，而是永远种下玩世不恭和绝望的种子。在19世纪甚至更早时期，保持闪亮的美国梦不破灭的主要手段就是将美国梦聚焦在孩子身上，甚至后来也是如此。梭罗说，"每个孩子都开创一个新世界"。那种认为每个孩子都是一个新的未堕落的亚当的感觉深深植根于19世纪美国人的意识之中，尽管这种感觉与宗教正统教义格格不入。然而，对金色少年的偶像化将给孩子们带来多大负担啊！因为我们不再是以孩子，而是以我们理想中的孩子来要求他们。为了拯救我们褪色的幻想，使我们免受更强烈的玩世不恭的影响，孩子们必须打扮得体、身心纯净、胸怀大志（这让我想起了一名去日本的美国传教士。他的一句话成为了北海道大学的校训："孩子们，奋发图强。"这是强迫性成功者的国家送给另一个国家的珍贵礼物）。换言之，孩子们必须变成我们想要的样子，那是我们生怕我们自己不是的样子。一代又一代，除了偶尔的低声抱怨，孩子们做了他们被要求去做的事情，接受了负罪感，并试图去实现他们父辈所未能实现的理想。

在过去这么多年里，有数以千计的演讲者在结业典礼上大度地告诉毕业生们，现在轮到他们去解决这个世界上的问题了。我不知道这些演讲者中有多少人意识到这其中有一个隐含的条件：用我们的理想和我们的方法去解决这个世界上的问题，在我们曾经失败的地方获得成功，承担起我们不再能承受的负罪感。在我看来，现在这个年代的年轻人用他们的外表和行动想要表达的是："不，我们并非优雅高尚，我们没有雄心壮志，我们甚至不像你们想的那样好，我们不要接过你们的负罪感，我们不要按照你们解决问题的方式去解决你们的问题，我们不要解除你们的恐惧，也不想撑起你们的幻想。"但是这一代人仍然从骨子里就是美国人，不管从这个词最好还是最坏的意义来说。

我们已经看到美国梦是如何对女人、孩子以及所有与盎格鲁-撒克逊新教理想不一致的各种人群——首先是黑人——造成伤害的。我曾经听一些我们年轻的激进者说过，美国社会真正的压迫者和这个系统真正的受益者都是男性白人的盎格鲁-撒克逊新教徒。

确实，这个系统许多主要的收益都流向了这种人，他们中的许多人都从中获得了极大的满足。当然我们也不应忘记数以百万计的穷苦白人，他们不仅住在阿巴拉契亚，而且也住在城市的贫民窟中。他们是盎格鲁-撒克逊新教徒，却得到很少的益处。然而，即使在获益最多的群体中，思考或感触更多、听着不同的鼓点，拥有不同视野的白人盎格鲁-撒克逊男孩又是什么样的情况呢？我们不应忘记那些人的历史：他们在生活开始游离于新教教派后试图复兴具有想象力的生活；美国人在梭罗、麦尔维尔和惠特曼在世时是如何忽视他们的。坡（Poe）是如何被逼疯，亨利·詹姆斯（Henry James）是如何被迫流亡，哈特·克兰①又是如何被迫自杀的［对有创造力的女性来说，问题只会更严重。想想埃米莉·狄金森（Emily Dickinson）吧］。如果说这些人似乎有点不具代表性，而且据说在任何社会中天才总是很难生存，那么我们应当记住，那些过着"沉静而绝望生活"的成功或者几近成功之人，与那些因在野蛮的阶梯上攀爬失利而绝望之人一样，为了洗尽尘世的烦恼而将双份的马提尼酒变成了三份的马提尼酒。

所有这些想法都不会改变这样的事实，即在很长的一段时间里，美国社会都是围绕着成功的白人盎格鲁-撒克逊男性的印象来组织的，它不会减轻那些因为性别、种族或者年龄而被排除在社会

---

① 哈特·克兰（Hart Crane, 1899—1932），又译哈特·克莱恩，美国当代著名诗人。他的诗广泛使用象征和隐喻，在创作过程中，回顾了从坡到艾略特的美国文学历程，认为在此背景下产生的现代意识应是坚定的信念，而不是艾略特的悲观主义。——译者

的核心利益之外的人们的痛苦。①柏拉图在很久以前就指出,能够让每一个突发奇想都得到满足的暴君是最彻底的奴隶,因为他完全受自己欲望的支配,但是这并不意味着柏拉图所认为的这一论断可以作为暴君的借口。忽视这些白人美国男子为他们的获益所付出的代价是没有意义的,因为他们能为一个不同于近来美国人成功至上的生活意义的构想贡献良多,也能从中获益不浅,但是从现在开始,这些获益,尽管有所减损,必须被更广泛地分享。

9

让我回到我们的中心主题,即解放与自由、革命与立宪、皈信与立约之间的辩证关系。在个人的生活模式中,这种辩证关系的表现形式是冲动与控制。我们已经看到,那些作为伟大清教徒的元戏剧(Cosmic drama)的开端的罪与救赎、皈信、新生和新生活的要素是如何逐渐驯化为生产了驱动大型工业化经济运行的适量的自治和负罪感、体面以及效率。我们现在正在经历的第三次考验的一个独特问题是,这个领域现有的平衡正在受到质疑。正在被质疑的是:现有模式是否付出的代价太高?如果不失去我们社会中许多好的东西,我们是不是就无法拥有更自由的生命冲动,更富有想象力的意识?我们是不是就无法更亲近我们的身体?我们是不是就无法与一些人以及更多其他人所组成的社区建立更加深厚的亲密关系?同样

---

① 关于这个问题的睿智评论参见埃里克松的《新的同一性维度》,第113—119页。

被质疑的还有，是不是女人、孩子、少数族裔甚至白人男性都必须要继续扮演过去一直要求他们扮演的角色，以维持工业社会中能量和压迫的适当平衡？

这些问题是很令人苦恼的，我们将在最后一章再回来看这些问题。不过有几件事现在已经足以说清楚了。有些人说，对我们当下需求的回应是没有任何控制，让冲动自由翱翔，自然人在本质上是纯洁善良的。对于这些人，我会用梅尔维尔的话来回答："好吧，好吧，有人听到了来自地狱的铜鼓声。"人类生命最大的二律背反从来不会通过抓住一极而忽略另一极而得以解决。我们的问题不是在任何绝对的意义上消除控制，而是去找到一种新的控制方式使我们享有更广泛的自由。这一代人很难理解像"那些明智的约束使人自由"这样的句子，也许是因为这样的句子一直以来太频繁地被用作骗局的一部分，以让年轻人接受中年人的幻想。但是若无《启示录》，则无没有限制的自由。现在这个时刻最迫切的需要是解放，在我看来确实如此。但是，如果没有一个新秩序，没有一个新的控制系统，解放就不能变成自由，而将很快成为暴政。届时一些过于自由的年轻人将投入极权主义的宗教或政治派别的怀抱中。

就人类的个性而言，最深层次的冲动是文化和宗教，它们出现在神话与仪式之中。美国创建于新教改革所产生的伟大的新的神话秩序依然重要并充满活力之时。那种模式与共和自由更新的神话一起支持并帮助我们度过了第一次和第二次考验。但是现在我们的文化危机加深了。自18世纪以来兴起的单一视域到现在已经比以往任何时候都更加占据着主导地位的文化取向。在美国并不缺少对皈信和在超验视野下对最深层次个性加以重塑的深刻体验，但是这种体验比以前任何时候都更难与主流文化心态相整合。已经确立的经济和政治权力结构似乎在一味地鼓动最大化财富和权力，而不考虑社会和自然环境所付出的巨大代价。在这样的环境下，我们不应惊讶于解放、改革和反文化上的努力看上去是多么支离破碎和混乱。无政府主义和唯信仰论总是在社会试图改变一个已经有太多限制的社会秩序时出现。

　　但是主流的美国文化和社会系统能够容忍一定数量的无政府主义和唯信仰论，甚至还支持它。在某些禁区，高度的私人"自由"能够与在社会权力中心居于支配地位的纯粹技术控制共存。从这个角度来说，如果仅仅是拒绝已建立的秩序，即便更为夸张地用符号来表征，效用也严格地受限。如果我们想要超越美国文化和社会的限制，它就必须建立在一种具有想象力视域的基础之上，这个视域可以产生内心皈信的体验并且通向一种新形式的圣约。没有任何制宪意义的解放注定是弄巧成拙的。美国在20世纪晚期所面临的危险无法通过每个人做他或她"自己的事情"来克服。这些危险只能通过发现新的文化和社会形式来克服。而这些新的文化和社会形式能够为新的道德自由度提供一个自律的基础。

第四章　本土主义与美国的文化多元主义

1

在上一章中我们考察了个体在美国象征和神话发展模式中所处的位置。现在，在同样的模式下，我们必须考察群体所处的位置，尤其是那些与早期大多数移民明显不同的群体。

塞缪尔·珀切斯（Samuel Purchas）牧师是最早描写在大探险中发现新世界的英国人之一，他在1614年对于他所构想的人类的宗教团结写下如下颂词：

> ……炭色的摩尔人、黝黑的黑人、土色的利比亚人、灰色的印第安人、橄榄色的美洲人，应当与白一点的欧洲人一起成为一个羊群，被同一个伟大的牧羊人所牧养，直到死亡被永生所吞噬，我们可以合而为一，就像耶稣和天父是一体的一样……没有任何颜色、国家、语言、性别、条件的区分，所有人在独一的主那里是合一的，并永远被一体保佑。[①]

[①] 乔丹，《美国白人对黑人的态度》，第12—13页。

五年以后，第一批黑奴抵达弗吉尼亚州的詹姆斯敦。在17世纪的美国，最常用的区分白人和黑人的方法是谈论基督徒和黑人。作为一个基督徒，一方面意味着承诺做一个完全的人，另一方面却意味着欧洲基督徒有奴役和摧毁任何与他们在信仰、习俗和肤色上大相径庭的民族的权利。在所有的民族中，我们都可以发现普遍主义与特殊主义、包容性与排他性之间的辩证法。但是，只有在美国，关于人的普遍性概念与如此残酷、苛刻的排他概念比肩而立。

包容性与排他性问题对于种族群体来说尤为严重，但是它也同样出现在所有移民到该海岸的拥有不同国别、语言和民族的群体中。除了印第安人以外，所有美国人都是移民或者移民的后代，但并不是所有的移民都获得了同样的待遇。这些不同群体被对待的方式以及他们在这个国家共同体中的位置是一个关键指标，它可以衡量美国价值在实践中被实现的程度，以及我们所标榜的一个世界共同体已经在多大程度上变为现实。那些被压迫族群为提高他们在美国社会的地位而进行的斗争是我们面临的第三次考验的一个主要方面。这些斗争招致人们对美国作为一个成功的多元文化国家的所有既存信念的质疑。我们将不得不同时考察文化多元主义的理想与现实，来看看它是具有某种实质内容，还是仅仅为了让盎格鲁-撒克逊民族保有支配地位的一个屏障。

美国作为被压迫者的庇护所，是美国国家神话的一个最古老的元素，也是美国试验具有千禧年意义的一部分。埃玛·拉扎勒斯（Emma Lazarus），一位犹太裔美国诗人，1883年在被镌刻在自由女神像基座的诗中对这种观念做了经典表述：

> 欢迎你,
> 那些疲乏了的和贫困的,
> 挤在一起渴望自由呼吸的大众,
> 那熙熙攘攘的被遗弃了的,
> 可怜的人们。
> 把这些无家可归的
> 饱受颠沛的人们
> 一起交给我。
> 我站在金门口,
> 高举起自由的灯火!①

美国敞开心扉接纳世界苦命之人的形象有其深远的历史和情感根源。爱默生、梅尔维尔和惠特曼都为不同国家的人来到这些海岸,并逐渐融合形成一个新的民族而欢呼。1817年,杰斐逊将美国对压迫者的开放视为其对世界的意义之一。这是她的职责,他说,"来为那些被欧洲暴政所驱使而在其他地方寻求幸福的人们提供避难所。这个避难所一旦为人所知,就将为那些即使仍在受难地的人带来幸福的希望;这将警告他们的当权者,当埃及人的压迫的罪行比那背井离乡民族②的罪行更深重时,另一个迦南地就被神打开了,在那里他们的子民被接纳为兄弟,通过分享一种自治权而免

---

① 赫德森,《美国的国家主义与宗教》,第92页。
② 指以色列人。——译者

受压迫"。① 甚至在共和国成立之前,英国殖民地就已经有了同样的作用,本杰明·富兰克林1752年在《穷理查开悟书》(*Poor Richard Improved*)中做了如下描述:

> 贫病的陌生人在此找到家园,
> 休闲的病人、致残的劳工,自由来此,
> 那些年迈、体弱、需要照顾的人,
> 发现此处可以休憩、放松,健康也得以恢复。②

但是,同样是在富兰克林的著作中,我们可以发现对移民的最早抱怨。他表达了一种在美国其后的所有历史上,移民将会遇到的焦虑和敌意。富兰克林称那些来到宾夕法尼亚的德国移民为德国佬,他抱怨说:

> 这里不出几年将变成德国人的殖民地:不是他们学习我们的语言,而是我们必须学习他们的,或者说我们像生活在外国一样。英国人已经开始逐渐离开德国人的聚居区,因为他们无法认同德国人的不和谐做派,感到很不舒服;随着时间的推移,也许许多人会因为同样的原因离开该州。此外,德国人的生活标准低于英国人,因此他们可以用比英国人更低的工资工作,更低的价格贩卖商品;他们因此是极端烦人并令人反感

---

① 汉斯·科恩(Hans Kohn),《美国的民族主义》(*American Nationalism*, Collier Books, 1961),第144页。

② 科恩,《美国的民族主义》,第143页。

的,所以在这两个民族之间不可能有真挚的感情或团结。①

在富兰克林的评语中隐含着一个假设,即如果德国人可以放弃他们的"外语",放弃他们的"不和谐礼仪"以及在劳动力市场和贸易中削弱美国原住民的癖好,那么一切都会好起来。因此,富兰克林似乎很早就反复强调了后来被称为"美国化"的东西。我们必须在后文中考察的是,在国家基本的共和价值观或者在其暗含的宗教-政治神话中,如果说有什么是可以证明"美国化"的附加条件,或者如最近所说的"盎格鲁化"的正当性的话,情况会怎样? ②

"无家可归、风雨飘摇"的人在刚抵达这些海岸时,希望发现一个"机会均等"的"开放社会"。1878年爱默生很好地阐述了这个文化假设,他说:"(这里)有公民权利的机会、教育的机会、个人权力的机会和获得财富的机会;(这里的)大门向所有国家、种族、肤色的人们敞开,(这里是)友好的公平竞争之地,有着对所有人公平的法律。人们在这里自由竞争,最强者、最智者、最优者获得成功。这块土地是如此宽广,肥沃的土地可以为所有人提供食物。"③

无需质疑爱默生的真诚,但确实需要质疑他经验的准确性。毋庸置疑,社会生活中的某些群体和某些领域确实存在真正公开的竞争和机会。与被不可逾越的阶级障碍、宗教偏见和语言差异所分割的欧洲社会相比,美国相对而言更为开放。但是,对许多人来说,

---

① 科恩,《美国的民族主义》,第143—144页。

② 米尔顿 M. 戈登(Milton M. Gordon),《美国人生活中的同化》(*Assimilation in American Life*, Oxford University Press, 1964),第104—114页。

③ 科恩,《美国的民族主义》,第145页。

第四章　本土主义与美国的文化多元主义

尤其是移民的孩子,即使他们将来会上常春藤院校、穿名牌服饰,仍然有许多扇门对他们是关闭的。米尔顿·戈登(Milton Gordon)以非常简洁的语言说明了这一情况:

> 那些曾经小心翼翼或满怀信心冒险离家的人,都曾经被一个"美国的"社会结构的愿景所诱惑,这个社会结构略大于所有次级群体,且在种族上保持中立。难道他们以前不是美国人吗?但是他们沮丧地发现,在初级群体层面,一个中立的美国社会结构不过是个海市蜃楼般的神话。从远处看,美国社会就像是一个准公共建筑物,上面飘扬的全都是美国国家包容性的旗帜,然而近观却发现,美国社会是一个特定族群——盎格鲁-撒克逊白人新教徒——的俱乐部,其运作充斥着祖辈族裔的前提和希望。①

有许多方法可以证明那些显然敞开的门其实是关闭的。有某些族裔背景的人在某些乡村俱乐部或游艇俱乐部中是不受欢迎的,或者在公司组织里存在一种无形的障碍,使得某些族群成员很少被擢升。但是有一个在所有群体之外的群体,那就是黑人群体。对他们而言,美国社会的开放性宣称被证明是错误的。如第三章所述,黑人与其他美国人一样受到崇高的成功理想的影响,但是只有黑人证明它不过是海市蜃楼。梦幻破碎的时刻是许多激进的黑人领袖都有的成长经历。

---

① 戈登,《美国人生活中的同化》,第113页。

马尔科姆·X讲述了一个在中西部小镇的成长故事。他在学校时成绩非常优秀,他的同学们都很喜欢他,并且在七年级时当选了班长。当他将要升入高中时,有一天他信任的一位老师询问他的职业理想,他冲动地回答说他想成为一名律师。那个老师看上去很惊讶,然后对他回答说:

> 马尔科姆,对我们来说,人生首先需要现实一点。不要误会我,你知道我们都喜欢你。但是,作为一个黑人,你必须要现实一点。律师,对黑人来说不是一个现实的目标。你需要去思考你可以做什么。你有一双做东西的巧手,每个人都欣赏你做的木工活,为什么不想去做一个木匠呢?人们很喜欢你,所以你将会接到很多的活。①

杜波依斯的故事可能看上去更幸运些,但是却同样残酷。杜波依斯在马萨诸塞州大巴灵顿小镇长大,像马尔科姆一样在公立学校里面学习极好。他在所有的活动中都出类拔萃,所有人都喜欢他。当他很小的时候,他的父亲抛弃了他的母亲,而且他的母亲收入有限,镇上的人决定凑钱让杜波依斯上大学。像社区里的其他人一样,他希望去哈佛或者阿默塞特大学,但是他惊讶地得知他会被送往菲斯克大学,一个坐落在田纳西州纳什维尔的全黑人的学校。许多移民群体都以这种温和的形式经历了这样的事,这样的经历让

---

① 马尔科姆·X(Malcolm X),《自传》(*Antobiography*, Grove Press, 1966),第136页。

当代最有思想的黑人知识分子哈罗德·克鲁斯（Harold Cruse）如此写道：

> 美国是一个未完成的国家——是一个群体间非常拙劣的文化融合过程的产物。关于美国是谁、美国是什么这个问题，美国这个国家在跟自己撒谎。这是一个族群控制其他族群的国家——她的思考和行动如同一个盎格鲁-撒克逊白人新教徒的国家。这种盎格鲁-撒克逊的白人理想，这种一个少数族群的崇高梦想，在其经济和政治权力达到顶点和自欺欺人达到历史高度时，将这个国家带到了自我毁灭的边缘。一路走来，这个梦想有效地阻止、破坏和窒息了民主的文化多元主义在美国的培育。①

2

在许多文化特征上，所有不同背景的美国人已经变得非常相似。阶级的差异比族群甚至种族的差异更为明显。在饮食习惯、方言和表意文化上的差异依然存在，其中与宗教相关的差异似乎特别顽固。但是除了那些在半隔离保留地里面保存了自己的语言和本土宗教的印第安人共同体之外，美国各群体之间共享的东西可能要大于它们不同的东西。在西南地区群居的墨西哥裔美国人也保

---

① 哈罗德·克鲁斯，《黑人知识分子的危机》(*The Crisis of the Negro Intellectual*, William Morrow, 1967)，第456页。

留了他们自己的语言,他们可能是继印第安人之后最与众不同的群体。

最近,人们开始质疑表面的同化到底有多深,感觉的内在特性、与他人相处的方式和生活意义的概念等是否已经不再如一直想象的那样互相抵触。尽管如此,我们可以问问数百万来自欧洲、亚洲不同国家的移民如何在一两代之内就变成表面上看来相对同质的美国人。当然存在一些被称为强制性转变的元素,尤其是在第一次世界大战期间及其后的几年中。当时有一场要终止"双重身份的美国人"的狂热运动,实现百分之百的美国化。20世纪20年代早期,亨利·福特(Henry Ford)赞助的一场庆典象征了这场美国化运动。在他工厂的门外建造了一口巨大的锅,穿着盛装的不同移民群体在里面载歌载舞。从锅的另外一端出现一队现代标准着装、唱着国歌的美国人。当所有的移民都从美国化的熔炉中走出时,当塔兰泰拉舞曲和波尔卡舞曲渐渐沉寂时,只有高亢的《星条旗永不落》在回响。当然最终是公立学校(更不用说教会学校了)在改变着第二代和第三代移民。

盎格鲁-撒克逊人是美国的主流族群,美国化的自觉支持者往往来自这个群体。尽管如此,盎格鲁化却不是描述20世纪,甚至不是描述19世纪美国文化的一个完全恰当的词语。美国文化当然完全不同于不列颠文化,甚至不同于讲英语的加拿大文化。美国文化不仅是民族传承的产物,还是这个国家独一无二的经历的产物,尤其是抛弃旧世界、建立自己的新世界的独立经历的产物。盎格鲁-撒克逊人只不过是最早体验了所有移民群体都要体验的经历。

3

在处理美国各群体之间的关系时,我们可以区分出文化、政治、社会这三个维度,据此我们便能衡量特定的优势。我认为,盎格鲁-撒克逊族群的优势在这三个维度上绝不相同。或者也许这样说更好,盎格鲁-撒克逊族群的优势正沿着这三个维度下降,首先是政治领域,其次是文化领域,直到最近其在社会领域的优势也遇到了严峻地挑战。让我们首先来看一下政治维度:

戈登和克鲁斯等分析家承认,他们并不希望将美国政治系统的核心部分定义为盎格鲁-撒克逊人的专利,而是声称它属于全体美国人民。在这一点上,他们完全正确,因为这些元素中的有些内容早已脱离了盎格鲁-撒克逊族群认同的母体。美国的共和制度建立在英格兰的政治传统基础之上,但是源于美国独立革命的特殊结构并不是英国模式的延续。它们是对整个西方历史中的共和思想传统和制度进行广泛研究的产物。美国独立革命是暗潮汹涌的大西洋社会的一个组成部分,而不是被限定在英语人群中。法国政治思想和大陆自然权利理论的影响是美国新兴的政治意识形态的主要组成部分。但是,撇开这些源头不谈,美国政治制度的定型化显然并不受任何把其利益局限在盎格鲁-撒克逊后人身上的文化象征意义的影响。

相反,美国革命,尤其是《独立宣言》,是在用全人类的口气讲话。美国革命思想有能力超越族群的阻碍,因为从1789年法国大革命到第二次世界大战之后越南的胡志明革命,世界各地的革命运动都受到了美国革命的影响。1903年，当杜波依斯谈到拥抱"美国共和的更伟大的理想"和"独立宣言的精神"时[①]，他只是用他那个时代的语言做着戈登和克鲁斯在我们自己的时代所做的事情，他们赞成将民主和多元主义作为美国共和的基础。尽管可能是盎格鲁-撒克逊人最早系统阐述了这些理念，并且至少在原则上在社会中实现了这些理念，但是它们并不是盎格鲁-撒克逊人独有的理念。即使像加里森那种看上去拒绝美国宣称的意识形态的人，之所以这么做，也是因为他们相信那些坚持此种意识形态理想的人已经毁灭了它。法律平等保护每个人运用其自然权利的理念并不是盎格鲁-撒克逊人所独有的。即使当这种理念被最早提出它的盎格鲁-撒克逊群体所背叛时，其效力与魅力依然存在。

那个更大的承诺在很长时间都没有实际意义，盎格鲁-撒克逊人在政治领域中的优势至今也没有完全消失。但是早在19世纪晚期，一些移民，尤其是爱尔兰人，至少可以在地方层面行使政治权力。到了20世纪，主要的族群，甚至一些种族群体都开始在政治舞台上有自己的代表，1960年首位信奉天主教的总统[②]的当选标志着突破了一个重要的象征性障碍。尽管某些群体的代表性可能不够充分，在20世纪晚期，除盎格鲁-撒克逊人以外，美国的政治生活显然包括了许多民族和种族群体的积极参与。

再看文化维度，我认为，早在独立战争之前，美国文化就已经脱离了纯粹盎格鲁-撒克逊族群考量的控制。启蒙运动哲学家在18

[①] 杜波依斯，《黑人的灵魂》(*The Souls of Black Folk*, Signet, 1959)，第52页，原版于1903年。

[②] 即肯尼迪。——译者

世纪的影响至关重要。启蒙思想不仅影响了具体的政治制度,也影响了宗教传统在民族文化层面得以表述的方式。支撑新国家构想基础的圣经意象被完全一般化了,它完全去除了任何专属于新教的内容,因此天主教徒和犹太教徒都可以很容易地回应这个新国家的概念。正如我们所看到的,拉比怀斯就是遵循这个一般化的模式。约翰·爱尔兰(John Ireland)大主教的话——"一个被神拣选的、属于未来的国度!"——就是对美国特殊使命的天主教式的表述,它常常胜过新教的典型表述。用圣经人物来表达美国历史的意义绝不是盎格鲁-撒克逊人的专利,它们甚至已被美国黑人用到了具有重大影响的事件上。

在赞成国家意识形态具有这些普遍性构成要素的知识分子当中,有一些是自觉的盎格鲁-撒克逊族群的代表。他们认为,尽管这个终极理想是普遍的,但盎格鲁-撒克逊人仍然是人类最有能力的代表,为了将人类"盎格鲁-撒克逊化",他们对世界的领导是必要的。但是,在新教牧师行列之外,19世纪涌现出的美国最杰出的知识分子常常尖锐地批评盎格鲁-撒克逊人的自命不凡。那些当时流行的二流知识分子为本土主义提供意识形态和领导时,美国古典文学和思想界中的主要人物却在自觉地摆脱他们自己族群的偏见和预想,而不是反映和光大这些东西。这也是他们在自己所处的年代经常被忽视的一个原因。尤其自第一次世界大战以来,很难看到一个一流的盎格鲁-撒克逊知识分子持一种狭隘的族群立场。

盎格鲁美国知识分子对他们自己族群的前景更多持强烈地批判立场,这带来了孤立自身及降低他们在自己群体中的影响力的负面结果。知识分子在新教教会中知识创新的缺失既是知识分子与他们自身宗教传统相异化的原因,也是其结果,而这两点愈发降低了他们的影响力。但是,他们的批判立场已经产生了后果,正如米尔顿·戈登指出的那样①,知识分子是美国社会中向具有不同民族背景的个体开放的一个主要群体,无论在理论上还是在实践上均如此。在知识分子中,初级群体联系与不同民族和宗教背景的人们之间的联姻更多是一种规则,而不是例外。就黑人以及像印第安人和墨西哥裔美国人这样的群体而言,他们的社会地位实际上妨碍了现代意义上的知识分子的出现,因此需要像往常一样对他们进行资格认定。但是即使在这种情况下,无法完全整合更多地被理解为他们在美国社会中遭受了特殊形式的压迫,而非源自学术机构中针对他们的任何固有封闭性。美国文化吸收了大量的犹太教文化和相当多的天主教文化,这使得美国文化和知识生活,以及我在此谈及的流行文化和高雅文化,都更不可能只反映盎格鲁-撒克逊民族的理想。

在社会层面,而不是在政治或者文化层面,美国依然主要被分成几个自足的族群。在初级群体连带中——朋友圈子、俱乐部、联姻以及某种程度上的邻里居住模式——族群的排外性依然可见。盎格鲁-撒克逊人在职业结构和经济制度控制中的影响依然是决定性的,尽管其程度在不断减弱。其他族群出现在政治和文化系统中重要的权力位置,使人怀疑盎格鲁-撒克逊人还能在这个堡垒中维持多长时间的统治地位。政治系统的普遍性和文化精英相对彻底的整合使得美国社会中一些世袭族群的无限期生存受到质疑,或者说如

---

① 戈登,《美国人生活中的同化》,第224—232页。

果他们确实生存下来了,那他们将会多么地重要。尽管不能将种族的尤其是宗教身份的维续完全忽略不计,但是如果要评价美国的文化多元主义,我们就不能只关注现存族群的延续性,而必须看看其他地方的情况,从而为这种多元主义找到一个基础。像往常一样,在此我们必须把一些种族群体作为一个局部的例外情况来处理。与白人和东方族群现在的情况相比,在黑人和墨西哥裔美国人中出现、并在印第安人中延续的民族自豪感和某种程度上的民族文化活力与霍勒斯·卡伦(Horace Kallen)①所阐述的文化多元主义的经典概念更加契合。但是在这些种族群体中,族群的划分显然代表了一种对特殊压迫的反应。也许存在使这些种族群体模式一般化的拉力,但是这种力量是否会强大到改变长期以来族群在美国文化生命力中占据结构性重要位置的趋势,这是令人怀疑的。

4

尽管从长期来看盎格鲁-撒克逊的文化影响力在不断减弱,但是最新的文化发展与最早定居者的文化取向之间依然有延续性。救赎与成功的两极趋向以新的形式再次出现,而非消失。这些理想的自我实现已经影响到了民族和种族群体之间包容与排斥的辩证关系。

在早期的清教徒中,在被救赎者与被摒弃者之间、在圣人与罪

---

① 霍勒斯·M.卡伦(Horace M. Kallen),《美国的文化与民主》(*Culture and Democracy in the United States*, Boni and Liveright, 1924)。

人之间有一种强烈的区分意识，这使得在他们之间很难存在某种共同体。罗伯特·米德尔考夫（Robert Middlekauff）将英克里斯·马瑟在这个问题上的观点总结如下：

> 一个敬神的人所保持的圈子构成了对他重生的一种测试：英克里斯说，一个真正敬神的人只有与其他敬神的人在一起的时候才感到喜乐；他对把时间浪费在罪人的身上感到愤慨；他不希望他们抛弃他的精神框架。这种态度的主旨是因为害怕被污染而倾向于一种道德的隔离。①

沿着弗洛伊德和涂尔干所熟悉的线索来解释，对污染的恐惧源于这样的事实，罪人的行为被无意识地体验为有诱惑力的。支撑敬神的人的性格结构的内部压抑结构受到了罪人行为（醉酒、淫乱、争吵）的威胁。英克里斯·马瑟用隔离的机制来对待这种威胁。另外一种机制就是对被摒弃者的外部压制。如果罪人缺乏内部控制，那么社会就可能对他们施加外部控制。这个逻辑通向了科顿·马瑟用协会压制失序行为的观点。但是这种对罪人施加外部控制的努力对于圣徒的志愿群体就不是个问题。这影响了整个法律结构，并且在很多方面依然有影响。在不断增加的志愿者协会的推动下，19世纪节制运动的兴起导致了1919年宪法第十八修正案禁止酒精饮料的制造、进口和销售，这是外部控制机制最为壮观的一个例子，这一机制曾经在美国人的生活中广为流传，在今天依然存在。

---

① 米德尔考夫，《马瑟一家》，第92页。

将社会划分为圣徒和罪人,尽可能将圣徒和罪人隔离开,并建构一个外部控制系统,使罪人至少表面上与圣徒的道德预期保持外在一致,这个基本观念最初与民族和种族群体关系并不相关。但是,没过多久,罪人的某些性格特征就被投射到民族的全体成员身上了。在最早的美国人看来,印第安人和黑人容易出现各种犯罪冲动——猖獗的性、嗜血和懒惰。据说有罪的群体是在社会之外的,圣徒与罪人之间的辩证关系和上帝的选民与圣战的概念可融为一体来对受蔑视的群体的过度敌意和侵犯行为进行辩护。美国战争毫不妥协的冷酷无情很少是狂欢式的。埃里克松所描述的自主、体面和高效的美国人在与印第安人作战、向日本投放原子弹和对越共执行搜索毁灭任务中进行了冷血地屠杀。正是这种事情,使得劳伦斯指出,"美国人的灵魂在本质上是冷酷的、孤立的、坚忍的,是一个杀手,它从未融化过"。① 不管手段如何,压制邪恶对于传统美国人来说就是一项纯粹的义务。②

当有罪的群体并不是外在而是内在于社会之时,包括严格监管和偶尔的暴民暴力在内的严密控制长期是美国社会的常态。如我们已经看到的,在19世纪的进程中,道德的正义倾向于被定义为世俗的尤其是金钱上的成功,而非宗教上的重生。被视为道德正义的群体在美国社会被允许有极端的自由。在美国,这种群体除了包括上流阶级,还包括很大比例的普通人。与欧洲和亚洲社会相比,施加于这个群体的监督和政府控制非常少。就此而言,美国确实是具有

---

① 劳伦斯,《美国古典文学研究》,第73页。
② 黑人活动家用"不择手段"的词语展示了他们是怎样的美国人。

相当唯意志论和民主的国家。但是这种唯意志主义不能延伸到那些被认为无法达到已确立的道德标准的群体。在美国历史上，因为被投射了白人无意识中各种被摒弃的冲动，黑人比其他任何群体都承受了更多的苦难。他们遭受了史无前例的极端压制和暴力，这种压制和暴力并未随着解放而结束，而是以新的形式一直延续至今。

但是，从爱尔兰第一次大规模移民以来，移民群体一直受到外部的控制和暴力。爱尔兰人最早被刻画为酗酒、吵架和懒惰的人，因此是警察控制和暴徒暴动的合法对象。事实上，美国城市地区的警察机关（和公立学校）最初只是与大规模移民一起出现的。后来的移民群体，比如意大利人，被刻画为罪犯并且常常煽动叛乱，因此又对他们进行了更深入的控制。当然，随着这样的移民群体开始被同化，他们在这种移民群体间的暴力和控制的位置也发生了变化。爱尔兰人到了19世纪晚期已经成为典型的美国警察，就像在20世纪他们成为了联邦调查局的典型调查员一样。总体而言，只有那些种族群体还没有毕业，也就是说，没有从被控制者的地位转变为控制者的地位。

正是成功的理想诱惑着不同的移民群体进入到这个文化模式和内部控制中，这已经逐渐淡化了新移民和老美国人之间的隔阂。如果把这一切完全看作是陌生的美国文化强加于移民群体的就错了。① 正是该文化的某些形式最初诱惑了很多人到达这些海岸。埃

---

① 威廉·戈林鲍姆（William Greenbaum）在《寻求新理想的美国：一篇关于多元主义兴起的文章》（"America in Search of a New Ideal: An Essay on the Rise of Pluralism," *Harvard Educational Review*, Vol. 44. No. 3, 1974）中指出：大熔炉中的燃料不仅有希望，还有羞愧，这确实是强加在多数移民人口身上的。

玛·拉扎勒斯用"我站在金门口，高举起自由的灯火！"来结束她的诗。如汉娜·阿伦特所指出的，很多移民所希望的并不是"按劳分配"，甚至也不是"按需分配"，而是穷人的古老梦想，"按欲望分配"。在新世界的艰苦条件下，那样的希望将被驯服、规制和控制；更谦虚、更努力的美国人机制将被植入到，如果不是新移民，至少也是他们的儿孙身上。人们付出的代价是高昂的，对第一代移民来说更是无法估量地高，因为他们失去了完整的共同体和个人的价值。美国人的经历一直是含混暧昧的；从来不单单是压迫，也有自由；从来不单单是成功，也有这样或者那样形式的救赎。所以，奥斯卡·汉德林（Oscar Handlin）在他的名著《离根者》（The Uprooted）中，可以对第一代移民郁积胸中的问题——这一切意味着什么——做出这样的解答：

> 不再是某个整体内的一分子，你为无法修复的损失而悲痛，且如瞎眼般未能看见更大的收益。你也许现在无法再退回到温暖的无名之地，在那里相似、雷同和一致掩盖了每一个人的身份。然而，独自一人，流落在外，你已找到生活的真谛。在你忍受每一次充满敌意的打击中，在你所做的每一次疯狂的举动中，在你每一次孤独的牺牲中，你唤醒了一直隐藏在古老整体中的意识，你从不知自己缺少它。事实上你的一连串的不幸出人意料地让你意识到你的完整性；尽管现在那种分离的痛苦让你无法知道这一点，但即将赋予你人类与生俱来的权利，

即你的个体性。①

5

但是,不管我们如何评价过去,在许多方面它都是一个暧昧含混和颇具讽刺性的故事,它是我们第三次考验的一部分,即古老的真理不再被人们视为理所当然。当我们的保守派用道德修辞和治安控制的古老配方应对当今美国社会的失序时,另一些人则对隐藏在这个配方之下的价值观和人格结构提出了质疑。最近五十年或者更长时间,美国最有名的知识分子、艺术家和作家将更狭义的美国人性格和价值观置于毁灭性的批评中。而且他们已经拒绝了道德上的伪善,拒绝为了单一的成功目标牺牲所有的人类冲动,拒绝美国生活中太多的唯物主义和庸俗。在过去十年左右的时间里,这种批评开始激起整整一代人的不满。许多美国大学生不仅相信他们的许多教授所一直说的,而且还在这种信念下以令他们的老师感到震惊的严厉方式来行动。他们经常表现出一种道德上的伪善和个人的庸俗,这让人们怀疑他们是在批评还是在示范美国人性格中最糟糕的一面。但是,当一种巨变发生时,人们必然预计会看到各种病症。而所有关于美国人的无辜、物质成功和对各种据称是危险的团体予以打击的必要性的神话的覆灭,确实是一个非常大的变化。

当下状况中一个更有趣的特点是在许多青少年文化中发生的

---

① 奥斯卡·汉德林(Oscar Handlin),《离根者》(*The Uprooted*, Grosset and Dunlap, 1951),第304页。

价值重估现象。在他们眼中,盎格鲁-撒克逊白人新教徒是一种负面的形象,而黑人、印第安人和亚裔则是文化上的英雄。在此人们也必然想知道这种变化的深度是否已达到完全颠倒的程度,还是传统意义上的好人与坏人的角色只是换了一组新演员而已。但是有些人至少已经开始尝试用互补而非对立的逻辑(看待文化)。早在杜波依斯1903年的著作《黑人的灵魂》中,他就提出了黑人可能拥有某些白人极度需要的性格特征。他调侃道,"有一天在美国这块土地上,两个世界的种族将互相向对方传授他们非常缺少的性格特征"。他还写道,"我们这些深色皮肤的人即使现在也不是空手而来的"。他用黑人文化中的表里如一作为引证,用来说明它们是由美元和庸俗构成的白人文化"荒芜沙漠"中的"唯一绿洲"。①

最近,埃尔德里奇·克利弗②指出,从早期的清教徒时代开始,美国文化的分裂倾向就趋向于把白人变成一个无身体的头脑,而把黑人变成一个无头脑的身体。③只有在白人开始尊重他们自己的身体,将其作为自己的一部分时,他才能够接受黑人的思维,并不再像对待自己摒弃的身体那样对待他们。劳伦斯在1923年指出了美国人对身体和对更深层次的无意识个性的敌意,埃里克·埃里克松于

---

① 杜波依斯,《黑人的灵魂》,第52页。
② 埃尔德里奇·克利弗(Eldridge Cleaver),美国作家、政治活动家,黑人民权组织黑豹党早期领袖。1968年他出版的散文集《冰上灵魂》被认为是继赖特的《土生子》(1940)之后揭露美国黑人遭受歧视的又一杰作。——译者
③ 埃尔德里奇·克利弗,《冰上的灵魂》(Soul on Ice, Delta, 1968),第186页。

1950年证实了这个观点。这正是上个世纪经典的美国作家梅尔维尔和惠特曼所反抗的单一视域的一部分。按照相似的逻辑，哈特·克兰在20世纪20年代发现，在美国，一种印第安人神话意识的象征被美国文化长期压制了。近期，印第安人成为反主流文化的一个象征性焦点。

将受歧视和受压迫群体变成救赎和重生的象征的角色，对这些角色的价值重估在人类历史上并无新意，但是当这种现象发生时，它暗示了一种新的文化方向，可能也暗示了一场深刻的文化革命。因为它不仅仅意味着之前被迫害群体的社会地位的潜在改变，它还意味着美国主流精神中压迫和自由间平衡的改变。我不想暗示这样的改变在当下只是初始的和脆弱的。但是，不可否认的是，旧的态度和价值观的捍卫者已经彻底对他们自己丧失了信心。如果他们还没有准备好选择全新的东西，他们也非常不确定还有多少旧的东西可以或者说应该被保留下来。

6

一方面是黑人、印第安人文化价值的改变，另一方面是盎格鲁-撒克逊白人新教徒文化价值的改变，这两方面的改变引出了美国文化多元主义和共同体的未来发展问题。在美国，同化过程的一种常见模式是将同化视为一个各移民群体、最终也是各种族群体最终使他们自己适应一个原子化的、高度流动的"理性"社会的过程，这个"理性"社会既远离最初的新教文化，也远离任何移民群体的文化。这个过程的能量自然来自美国持续的科技和经济"进步"。

近些年这个模式受到日益增多的批评。"大众文化"似乎是工业社会的必然产物，现在已经被人们所拒绝，人们更喜欢个人和小群体可以为自己量身定做的那种亲密的、个人的和社区的文化。"共同体"①已经成为一个有魅力的字眼。尽管其使用常常是感情用事和不精确的，但是其流行却是有迹可循的。少数族裔许多新的神秘性源于这样的事实，据说他们保留了一种白人中缺少的共同体意识。迈克尔·诺瓦克②最近雄辩地指出：东欧和南欧群体保持了一种重要的家庭、邻里的感觉，这给予他们一种不同于其他美国人的现实感，值得悉心培育。③

盎格鲁美国人对过去乡村的怀旧甚至已经侵蚀了最近的大众媒体，那时的"共同体"比现在的郊区更加接近于现实。在美国，没有经济系统的根本变革而要复兴甚至维持共同体的任何努力能到何种程度将是下一章我们考察的问题。在此我们只能反思一下当前动荡的意义。

对美国人盎格鲁-撒克逊形象的拒绝已经走得很远了，现在很多人努力去发掘所有被压迫文化的经历和历史，而这正是"美国化"要尽力清除的。有人认为，有许多公民宗教而不是只有一种美国公民宗教；有许多约定，而不是只有一个圣约（具有讽刺意味的是，在最近的历史中，伟大的新教词汇"圣约"本该作为一个排除

---

① community 在此书中多译为共同体，但提请读者注意的是，它也指一个具体的社区。——译者
② 迈克尔·诺瓦克（Michael Novak），美国天主教哲学家、记者、小说家和外交官。——译者
③ 迈克尔·诺瓦克，《不熔化的伦理学的兴起》(*The Rise of the Unmeltable Ethnics*, Macmillan, 1973)。

他人的符号而应用在"限制性圣约"这个短语中)。一些批评家感到,美国人的试验是非常拙劣的,以至于我们作为一个独立社会存在下去都成为问题。另一些人则盼望出现与过去有着相当区别的新的集体理想,在这些新的理想中,多元主义和共同体有一个醒目的位置。①

如果没有大量的研究和时间的累积,我们很难了解哪些族群或者多大比例的族群能够作为独立的文化实体存活下来。对很多族群来说,其语言、历史和习俗的损耗非常巨大,以至于仅有这个族群的名字和标签保留了下来。然而,我们却不应从文化内容的消失推断真实共同体的消失。五十多年前,艾萨克·伯克森(Isaac Berkson)写道:"族群不是一系列理念,而是一种国族资格,一个由人构成的共同体;它确实是与思想有关的一个活生生的现实,但仍有血有肉有欲望,而不只是苍白的抽象。"② 只要共同体还在,文化就可能复兴。美国人可能最终会看到双重文化主义(biculturalism)是一种优势而非缺陷,并同意伯克森的观点:"真正的普遍化,即口语中的'心胸开阔'只能通过增加各种忠诚,而非压迫它们来获得……"③ 教育和其他领域的公共政策开始转向对共同体和不同文化的保护,尽管朝着这个方向的发展还很脆弱,但这是值得期待的。

在我看来,族群身份的存续似乎只有在宗教身份存续的语境

---

① 格林鲍姆,《寻求新理想的美国》。
② 艾萨克·伯克森,《美国化的理论:一项特别参考犹太群体的重要研究》(*Theories of Americanization: A Critical Study with Special Reference to the Jewish Group*, Teachers College, Columbia University),第121页。
③ 同上书,第130页。

下才有意义。宗教在族群与现代世界更大范围的文化之间提供了必要的中介。宗教不仅经常保持最深层次的族群认同符号，它还产生一种摆脱族群特性而达到道德和宗教普遍性的牵引作用。特定的族群往往与那些特定的族群所属的更大的宗教群体相联系，如天主教、犹太教、新教，而且宗教群体共享某些象征符号。这对于当前美国存在的任何文化统一性或者普遍性无疑都是一个重要因素。但不幸的是，新教、天主教和犹太教传统在美国都受到了严重的损蚀，它们能否以目前的形式为真正的文化重建提供一个基础是值得怀疑的。

　　长久以来，美国几大宗教传统的文化活力一直在衰退。他们一直从欧洲神学家和哲学家那里获得他们的灵感。尽管美国新教主义最近产生了比18世纪以来任何时候都多得多的思想，但即使最重要的美国神学家们的影响力也比不上卡尔·巴思①或者保罗·蒂利希②。美国天主教思想家从未曾超越雅克·马里顿③和卡尔·拉纳④；美国的犹太人也没能产生出如马丁·布伯⑤或罗森茨威格⑥这样的大

---

① 卡尔·巴思（Karl Barth, 1886—1968），20世纪重要的基督教神学家，新正统神学的代表人物之一。——译者

② 保罗·蒂利希（Paul Tillich, 1886—1965），德裔美国基督教存在主义哲学家、神学家。——译者

③ 雅克·马里顿（Jacques Maritain, 1882—1973），也译为马利坦，法国哲学家，新托马斯主义主要代表人物。——译者

④ 卡尔·拉纳（Karl Rahner, 1904—1984），德国耶稣会牧师、神学家。——译者

⑤ 马丁·布伯（Martin Buber, 1878—1965），出生于奥地利的以色列犹太人哲学家，因其存在主义的对话哲学而著名。——译者

⑥ 罗森茨威格（Franz Rosenzweig, 1886—1929），德国犹太人神学家、哲学家，批判马丁·布伯的对话哲学。——译者

家。即使我们从民族传统而非狭义的宗教来考察这三个主要的宗教群体,他们中最聪明和最有创意的知识分子和艺术家也都已经融入了美国一般的知识界和艺术界中去,结果公共群体失去了天然的文化领袖。

至少在更有特权的白人群体间,向传承下来的民族和宗教身份的"回归"是否特别有益是值得怀疑的。在文化和社会崩塌面前,一种对原始忠诚的回归可能是防御性的,它更多的是基于恐惧而非对喜乐的重新确信。在那些动机是保护人们自己的财产和特权免受其他竞争群体威胁的地方,政治影响可能非常严重。一个人的"文化多元主义"可以变成另一个人的"本土主义",含有暴力和压迫等所有经典元素。

至少在更具主导地位的白人群体中,也许我们需要的不是社群主义的诞生,而是一种新社群主义的意图。年轻的新教徒和天主教徒对彼此传统的开放性胜过以往,年轻的犹太教徒对所有宗教和意识形态可能性的开放也引人注目。也许我们宗教传统的复兴源于将丰富的经验现实而非思维的客体加以体验的新尝试。这些尝试来自发现宗教传统有意义的人,而不问这些人原本的出身。对新的文化和社会形式的实验并不仅仅局限于西方或者圣经文化的范围之内。印第安美洲、非洲以及最重要的亚洲正在提供很多新的可能模式。蜂拥到佛教、苏菲和瑜伽群体的年轻人来自各种不同的民族和宗教背景。体验异域文化现实的方式和象征物的实验曾经对我们来说非常陌生,但它们甚至已经开始影响到国教。不断扩展的开放性既是现阶段的特征,也是对过去的复兴。也许,如果我们要想通过第三次考验,就必须鼓励进行广泛的文化象征和共同体风格的试验。

第四章 本土主义与美国的文化多元主义

在美国文化中,这种开放性源远流长。刘易斯[①]曾提到:"美国人对其他国家文学的想象力无与伦比地友善。在所有偶然的地方观念和周期性爆发的文化本土主义中,美国文学中最具有原创性的和最富于冒险精神的作品也是西方世界文学中最国际化、最世界化和最西方化的作品。"[②] 我想指出,从爱默生和梭罗对《薄伽梵歌》的迷恋到亨利·米勒的道教和加里·斯奈德(Gary Snyder)的禅宗佛教,美国文化在对东方的开放性上也是无与伦比的。没有人比典型的美国诗人沃尔特·惠特曼更坚定地表达了美国文化的开放性。1876年,美国第一个百年纪念日,他谈到了"一种更广阔、更理智和更灿烂的**情谊**(COMRADESHIP),代表了来自各地的人们,不但使美国各州,还使所有国家,乃至全人类越来越团结在一起"。[③] 在《印度之行》(*Passage to India*)这首诗中,这个富于幻想的诗人用双重视角看到心灵在远游的同时,也在进行它自己的深度探险:

> 灵魂哟,是真正在向原始的思想航行,
> 不单是陆地和海洋,还向你自己的清新之境,
> 灵魂哟,不受约束,我同你和你同我,

---

① 刘易斯(R. W. B. Lewis, 1917—2002),美国文学家和评论家,赢得了1976年的普利策奖。——译者

② 刘易斯,《试验的话语》(*The Trials of the Word*, Yale University Press, 1965),第9页。

③ 牛顿·阿尔文(Newton Arvin),《惠特曼》(*Whitman*, Macmillan, 1938),第287页。

> 开始你的世界周游,
> 对于人类,这是他的精神复归,
> 回到理性早期的天国……
> ……返回到智慧的诞生地……
> ……再次同美好的宇宙在一起。

但是,在我们可以进一步考察当代美国乌托邦式重建的可能性——我们是否可能恢复作为我们与生俱来权利的千禧年的新鲜感——之前,我们需要首先考虑美国政治经济的阴暗现实。除非破坏文化和共同体中的每一个真正要素的倾向得到控制,否则一切努力都是徒劳。前景并不特别乐观。

第五章　美国关于社会主义的禁忌

1

19世纪早期，作为对工业社会的一种批判的社会主义兴起于欧洲。在一个世纪前或更早，几乎世界上每一个工业国家都出现过一次重要的社会主义运动。作为一种意识形态，社会主义在大部分非工业国家中也很重要。在主要的工业国家中，只有美国没有出现过重要的社会主义运动。尽管社会主义在美国历史上很早就被传入，但是这里只有一点碎片化的社会主义传统。盛行于大部分工业国家中的资本主义批判在美国却是微弱和间歇性的。

为什么社会主义有禁忌而资本主义却神圣不可侵犯呢？是因为资本主义已经在美国"行之有效"了吗？是因为资本主义的受益者超过受害者了吗？也许是，尽管它对某些群体比其他群体更加"行之有效"，在某些阶段比另一些阶段更加"可行"。然而，资本主义在美国显然不比那些强烈反对资本主义的许多其他国家运行得更好。可以将社会主义的明显禁忌归于美国资本主义的巨大压制力量，即压制有效批评的力量吗？同样也有一些事实支持这种断言。在美国有反激进暴力的古老传统，而且历史上也曾有过几个时期，各种激进主义思想遭到严重迫害，比如第一次世界大战及其后的一段时间、第二次世界大战后的麦卡锡时期。但是，整体来说，社会主义组织在美国一直是合法的，社会主义思想也从未受到审查。美国的社会主义者也从未像日本的社会主义者那样面临过大规模的逮捕和对社会主义出版物的完全禁止，然而日本的社会主义运动却依然比美国要有活力得多。在美国，一个批判的社会主义传统的衰弱并不能完全用资本主义的成功或者对社会主义的压制来解释，而应由我们一直在检视的美国文化和神话中的那些特征来加以部分解释。①

2

"社会主义"一词在法国几乎是和"个人主义"一词同时产生的。这两个词在1820至1840年间作为一对反义词传入美国各海岸。在欧洲，个人主义带有一种负面的意涵，因此，社会主义至少在最初具有相当正面的含义。②但是个人主义却与美国意识形态中潜在

---

① 一部新的且很有价值的关于美国社会主义弱点的专题论丛最近已经出版了：约翰·H. M. 拉斯利特和西蒙·马丁·利普塞特（John H. M. Laslett and Seymour Martin Lipset），《梦的破碎？美国社会主义历史文集》（*Failure of a Dream? Essays in the History of American Socialism*, Doubleday Anchor, 1974）。尽管这部文集已经囊括之前出版的作品及新材料，但它完全忽视了这个问题的宗教和文化方面。

② 约书亚·阿里利（Yehoshua Arieli）将"个人主义"和"社会主义"的术语追溯至19世纪早期法国的圣西门主义。他写道："圣西门用他所发明的'社会主义'术语描述19世纪法国社会中人们的生存状况——他们的离根性，他们缺少理想和共同的信念，他们的碎片化，他们残酷的竞争和剥削态度，这些都是从合法的无政府主义演化而来的。"《美国意识形态中的个人主义与民族主义》（*Individualism and Nationalism in American Ideology*, Penguin Books, 1966），第207页。在此意义上，"社会主义"是一个与"个人主义"相反的词。参见阿里利，《个人主义与社会主义：两个新概念的诞生》（*Individualism and Socialism: The Birth of Two New Concepts*）一书的第10章。

的内容产生了巨大的共鸣，以至于它迅速成为一个正面的术语。作为其对立面的社会主义就只能被负面评价了。爱默生在1847年所说的话代表了一种全国性的情感，他说，"个人主义从未被尝试过"，爱默生接着批评了当时一种流行的说法，这种说法认为只有当个人主义真正能实现时，社会主义才会受到欢迎。他的立场早在1840年就已经形成，那时他批判布鲁克农场的共产主义实验，说道："我不希望我从现在的牢笼移到一个更大一点的牢笼中去。我希望破除所有的牢笼。"① 需要指出的是，爱默生并不是在颂扬某种早已在美国存在的与社会主义相反的事物。他当然不是在颂扬资本主义，因为在当时资本主义这个名称及概念几乎还不存在。他是在表达希望出现一种乌托邦式的个人主义，这种个人主义能够实现新教的唯意志论和杰斐逊式的民主。在这样一种具有乌托邦式个人主义特征的社会里，政府职能将被削减，邻里之间可以在不妨碍个体自治充分发挥的基础上自愿达成一致。

这种个人主义的概念不易与工业资本主义主导下的社会现实相调和，这是显而易见的。爱默生对于这种经济秩序出现的症状感到很矛盾，而梭罗则固执地敌视这些症状。在内战结束后，美国的工业资本才清晰可辨。但甚至在此之前，个人主义与社会主义意识形态的问题就已达到了高潮。在经过早期对社会主义的极大兴趣之后，19世纪50年代美国对社会主义普遍拒绝的态度更多能被个人主义意识形态的胜利所解释，而不是选择一种不同的方式来组织当时尚未成型的新工业经济。

---

① 阿里利，《个人主义与社会主义》，第273页。

当美国的资本主义在意识形态上确实变得更加自觉时，它接受了已确立的各类个人主义的庇护，而不论这两者是多么地不协调。在20世纪，具有早期企业家资本主义内涵的"自由企业"很容易与个人主义协调，它们成为巨型官僚企业的口号，这是晚近美国资本主义的现实。最基本的国家价值观与我们所宣称的经济特征之间的联系于1946年由全美制造商协会在《美国个人企业系统》（*The American Individual Enterprise System*）一书的一个声明中得以清晰表述：

> 在建国伊始，我们庄严地宣告"人民生命、自由与追求幸福的权利不可剥夺"；我们的革命战争就是为了这个权利，并随后用宪法来保证并使之延续下去。我们成为自由人的国度，不再为政治领导者服务，而是为我们自己服务，自由地追求我们的幸福，而不受到国家的干扰，享有前所未有的最大限度的个人行动的自由。无数的个人都意识到了无限的机会，燃烧着对自身成就热爱的激情，被对利益的向往、对财富带来的舒适、权力和影响力的渴望所鼓舞……人们转而积极地在自由竞争的市场中生产和提供各种商品和服务。当个人自信地为自己的命运而拼搏时，除了安全保护以外，他并不想从政府那里得到更多。……我们的"私人企业系统和我们美国政府的形式是不可分割的。为避免危及我们的政治和经济自由，在自由经济与政府垄断经济之间不存在任何妥协。"①

---

① 阿里利，《个人主义与社会主义》，第332页。

大部分国父们不会像全美制造商协会那样如此热衷于夸大"对利益的向往"以及"对财富带来的舒适、权力和影响力"的渴求。但是在声明中引人注目的是个人自由宣称对抗一个等级化、官僚化的国家干预,然而这种自由并未宣称对抗庞大的等级化、官僚化企业的干预,而这样的企业主要在正常的民主政治程序之外运行,甚至比国家权力通常所受到的制约更少。

3

在第三章中我曾提出基本的美国价值观与资本主义经济系统之间的张力远远超出我们通常的想象。清教徒们在神的呼召下工作,同样他们也意识到了将财富和权力变成目的本身所带来的危险,这种危险不仅仅是对他们永恒救赎的危险,而且是对共同体统一的危险。但是,在17世纪和18世纪,甚至到了19世纪,这样的问题都主要被当作个人道德层面的问题来处理。19世纪中期随着大规模工业的兴起,资本主义组织的社会和政治意涵越来越明显。尽管直到今天,美国人仍然倾向于将社会问题看作个人道德的问题。但是,早些时候,一些人就已经表现出了敏锐的社会洞察力。

在1781年,托马斯·杰斐逊已经在他关于《弗吉尼亚州的笔记》(Notes on the State of Virginia)中对经济和政治生活间的关系进行了分析。这段分析通常被置于平均地权论的标题之下,但是其涵义实则相当广泛:

> 如果上帝有拣选的话,那么那些在土地上劳作的人都是

上帝的选民,上帝已经在他们的心中特别存放了真正实质的美德。这是祂保持圣洁火种的关键,否则圣洁之火就可能从地上熄灭。大量耕作者道德的沦丧是一个前所未有的现象,在任何时代和国家均无先例。那些并不仰望星空,而是紧盯自己的土地和产业的人被打上了一个标记,就像那个农夫一样,他的生计依赖于客户的意外事故和反复无常。依赖产生阿谀奉承和唯利是图,扼杀了德性的萌芽,并为野心勃勃的设计提供了适合的工具。艺术上的自然进步和结果,有时候也许会因一些意外情况而延迟获得;但是一般而言,在任何一个国家,农夫与其他市民阶级总数之间的比例,就是健康部分与腐烂部分之间的比例,这足以作为衡量这个国家腐败程度的晴雨表。既然我们有土地可以耕种,我们就永远不再想看到我们的国民被工厂的工作台或者快速转动的纺纱杆所占据。木匠、泥瓦匠、铁匠都是农业生产所需要的;但是,对于一般制造业的生产,还是让那些生产车间留在欧洲吧。最好将原料与供应带给那里的生产人员,而不是把那些生产人员以及他们的做事方式和原则带到原料和供应地。横跨大西洋商品运输的损失可以通过幸福以及永久的政府来弥补。大城市的乌合之众给予纯粹政府的支持就像伤痛有益于身体的强壮一样。正是一个民族的行为方式和精神气质才保持了一个共和国的生机与活力。而在这些方面的退化则是一种快速蚕食共和国法律和宪法核心的腐败因素。①

---

① 《杰斐逊全集》,第 678—679 页。

值得注意的是,在这段话里没有对财富的颂扬,这与全美制造商协会的声明形成鲜明的对比。杰斐逊希望保持一种相对的贫穷以实现其他的目的。他对农民的颂赞并不是基于土地本身所具有的任何神秘性,而是他们的独立性和不屈从使他们优于靠客户为生的商人和工匠。杰斐逊相信共和国建立在自主个体参与的基础上,每个人都能够自己做决定并承担自己相应的责任。理想情况下,每一个公民都会是一个"政府管理的参与者",而农民最适合这样的角色。直到1816年,即《弗吉尼亚州笔记》发表后三十年,杰斐逊的想法已经发生了改变,他总结说,制造业在重大的国际动荡时期对于国家的生存是必需的。但是,杰斐逊却比以往更为关注民主政体的参与,在那一年,他坚持提出建立一个小区体系的提案。这个小区隶属于县以下的政府级别,每个人都可以积极参与其中,杰斐逊称之为"初级共和国"。他对任何被完全委托行使政治责任的系统都深表怀疑。他并未打消他最初对制造业的怀疑,也没有对美国民主政治的未来充满希望,纵然民众在政治上和经济上变得越来越相互依赖。杰斐逊在对个体自治和真正的政治共同体的相互强调中,包括最低层次上对作为一个积极参与者的每个个体的强调中,他仍然把美国理想的两个侧面——个体的与社会的——紧密结合在一起。而在他死后的一个世纪中,这两个侧面逐渐地分开了。

奥雷斯蒂斯·A.布朗森①是一个先验论的一神论者,后来成为美国19世纪天主教思想家的领袖。他可能是南北战争之前一段时

---

① 奥雷斯蒂斯·A.布朗森(Orestes A. Brownson, 1803—1876),新英格兰的知识分子、活动家、传教士、劳工组织者,皈依天主教的著名作家。——译者

期里最敏锐的社会分析家。他摒弃了乌托邦式的社会主义和乌托邦式的个人主义,而选择在重返约翰·温斯罗普的美国思想传统中保持两者之间的平衡。他说:"没有个体性的共同体是暴政,结出的果实是压迫、堕落和停滞,是死亡的代名词。没有共同体的个体性是个人主义,结出的果实是社会的解体、孤立、自私、无序、无政府状态、混乱和战争……因此,我们所需要的是……社群主义与个人性的和谐……一致。"① 他在 1840 年的著作中看到了对适度平衡最大的威胁来自于资本主义,而不是社会主义。在他题为"劳动阶级"的著名论文中,他轮廓清晰地描绘了工业主义的进步对美国民主的推动。他谴责美国日益严重的贫富分化,并预言"所有战争中最可怕的战争,即穷人对富人的战争"② 的到来。

像杰斐逊一样,布朗森认为民主的政府依赖于民众社会地位的基本平等。但是普通工厂的劳动者从来不可能希望与工厂主发挥同样的政治影响力。布朗森认为,杰斐逊所谴责的商人和工匠身上的依赖性在雇佣劳动者中要糟糕十倍。在卡尔·马克思还没有动笔写一行他的著作之前,布朗森已经认为雇佣劳动者本质上就是一种奴隶的形式。他在 1840 年的文章中写道:"工资是魔鬼狡诈的设计,为了获益于慈悲心肠,它保留了奴隶制的所有优点,但却没有作为奴隶主的支出、麻烦和所引起的公愤。"③ 他甚至附和了南方一些辩护者为截然不同的目的所做出的论断:在某种程度上,奴隶的境遇要优于工厂的工人,因为他们无须面临后者所遭受的失业的不确

---

① 阿里利,《个人主义与社会主义》,第 236 页。
② 小阿瑟·施莱辛格,《奥雷斯蒂斯·A. 布朗森》,第 90 页。
③ 同上书,第 91 页。

定性和现实中物质匮乏的痛苦折磨。

布朗森的解决方案完全在杰斐逊式的传统之内。他希望建立一种能够将工人们从雇佣劳动者中解放出来的经济条件,"在他到了适当的年龄需要安稳生活的时候,他应当已经积累到凭借他自己的资本足以成为一个独立的劳动者——在他自己的农场或者在他自己的商铺里"。① 为了保证作为民主国家基本条件的机会均等("不是财富均等,而是通向财富的机会均等"②),他提出要废除财产继承,因为他认为不废除财产继承,任何对机会均等的谈论本质上都是空谈。布朗森所没有看到的——在1840年还远未显现的——是现代经济不可能在小农场和小商铺的基础上运行,它具有一种规模化的内在驱力,这与传统美国人强调每个人都是自己的主人的观点简直不可调和。让人惊奇的是,美国人从未放弃这种意识形态的承诺,即便它已经几乎完全脱离了美国社会和经济的现实。

沃尔特·惠特曼是一个远不及布朗森敏锐的社会分析家,他的许多社会观点反映了他的处境。因此,在19世纪80年代巨型信托公司正在形成之时,人们饶有兴趣地发现他说道:"我期待建立一个小业主的世界……建立一个大型的、独立的、民主的小业主阶级是当前的主要事情。"③ 他呼吁"持续不断地生产和建造数以百万计的舒适的城市住宅和中等规模的农场,它们健全独立,有独立的产权,生活设施配套齐全且价格低廉,一切都触手可及"。④ 应当指出

---

① 小阿瑟·施莱辛格,《奥雷斯蒂斯·A.布朗森》,第92页。
② 同上书,第67页。
③ 阿尔文,《惠特曼》,第103页。
④ 同上书,第102页。

的是，这并不是对财富、权力和影响力的梦想，这是19世纪晚期老共和主义清教徒对一种真正参与式民主的梦想。此外，令惠特曼苦恼的恐惧情绪也被形象地表达出来，与杰斐逊的想法如出一辙："如果美利坚合众国也像旧世界的国家那样产生大量贫穷、绝望、不满、流浪和低收入的群体，正如最近这些年隐约出现在我们周围的那些人——像肺癌或者胃癌那样，虽然缓慢，但正稳步地吞噬他们——那么我们的共和试验尽管表面上很成功，但其本质上还是一种不健康的失败。"①

在美国，为了保护和扩展独立生产者的作用经过了长期的斗争。这些斗争由平权主义民主党、废奴主义共和党、民粹派、进步党、新政支持者所领导，而且有专门的立法程序——废除美国银行、宅地法、反垄断法、为农民和小商业者设立的联邦贷款项目。尽管如此，经济领域的集中化和官僚化也从未停止或倒退，"贫穷、绝望、不满、流浪和低收入"的群体也从未消失过。工会的出现、许多行业一定程度的政府管制、社会安全以及福利制度已经防止了经济系统的悬殊差距带来的最坏后果所显现出的各种潜在的危害，这些后果正是杰斐逊、布朗森、惠特曼所担心的。但是它们却没能改变工业化晚期美国的经济系统无法与将经济独立作为政治秩序基础的美国的根本意识形态相调和的基本事实。尽管随着时间的推移那种意识形态对社会现实的描述已不够准确，我们却从未放弃过它。

---

① 阿尔文，《惠特曼》，第143页。

4

如果现在的美国经济系统与基本的美国价值观之间存在严重分歧，而且如果许多美国人也这样认为的话，那么更加令人惊讶的是，作为现代世界中资本主义经济组织的主要替代者的社会主义的某些变体还没能在美利坚合众国得到认可。社会主义似乎通常只是调和了包含在资本主义中的罪恶。社会主义不是一个被看作产生自治的个体并将其置于真正参与式的共同体中的系统，而是一个被视为在中央集权制的官僚结构下比公司资本主义更有效率地压榨个体的系统。有自1917年后的苏联作为国家社会主义的例子，这个结论尤其难以被推翻。但是，在世界上有许多反对斯大林模式的社会主义概念和社会主义运动。美国人对社会主义的反感要比理性的论争走得更远。尝试去理解这种反感的基础是值得的，因为这种理解将指导我们了解美国灵魂的某些方面。

1887年爱德华·贝拉米①的乌托邦小说《回顾》(Looking Backward)描述了一个克服了所有他所在时代的经济困扰的社会。在贝拉米的理想社会中，每个人在高度集中的经济体中最多服务二十二年的时间，然后就可以以一个固定的和平等的收入享受一种闲适的、个性化的生活。贝拉米的书开创了一个并非无足轻重的运动，这就是后来人们所知的"民族主义者"俱乐部。1888年贝拉米解释了他

---

① 爱德华·贝拉米（Edward Bellamy, 1850—1898），美国作家、社会主义者。乌托邦小说《回顾》是他最著名的作品之一。——译者

回避社会主义者这个术语的原因：

> 在我所表达的所有激进观点中，我可能将社会主义者排除在外了，社会主义者是令我反胃的一个词。对于一般的美国人来说，它闻上去有石油的味道，让人联想起红旗，各种新奇的性行为，以及对上帝和宗教的诽谤口吻……不管德国和法国的改革者们选择怎么称呼自己，社会主义者都不是一个党派的好名字，无法在美国取得成功。①

在贝拉米选择"民族主义者"这一名称的理由中，他暗示了社会主义的另一个属性，即它是一种外国的意识形态，非美国式的。他试图否认这一属性。

社会主义在19世纪早期作为起源于法国的一种革命性的弥赛亚意识形态传入美国，这是事实。因此，它不可避免地被视为美国自己的革命性的弥赛亚意识形态的一个竞争对手和潜在威胁。这个竞争的意识形态承载着与我们完全不同的起源神话。在这个新国家成立之初，就存在一种对于法国大革命暴行的深深厌恶，而且有一种将其与温和的、人道的美国革命相对比的倾向。这种对比被早期的联邦党人最有力地表述出来，且同样被杰斐逊民主党人以这样或那样的形式所接受。1840年布朗森非常明确的非社会主义提案为他赢得了"雅各宾"和"美国的罗伯斯庇尔"的绰号，这一事实表

---

① 阿尔伯特·弗里德（Albert Fried），《美国的社会主义》（*Socialism in America*, Anchor, 1970），第265页。

明法国大革命的记忆是如此生动,革命的社会主义是如此容易认同它。美国后来的社会主义理论家通常都是移民者,这个事实只是加深了社会主义是舶来物的形象。

"革命性的"在美国永远不可能是一个完全负面的特征,如果这只是社会主义的唯一问题,那么它可能已经被驯化了。贝拉米指出社会主义更为严重的问题是它"对上帝和宗教的诽谤口吻",即不可置疑的无神论和唯物主义,这虽然不是所有类型的社会主义的特征,但却是最有影响力的流派——马克思主义的特点。我现在依然认为它是一个巨大而严重的阻碍。在19世纪的欧洲,不仅许多知识分子,而且还有大量的工人有厌恶宗教、离开教会的倾向。但在美国,情况并非如此。尽管美国知识分子对新教传统持有矛盾的态度,但是他们却表现出了一种根深蒂固的唯心主义,即许多社会主义者对物质动机的强调是令人反感的。他们抗拒资本主义的唯物主义,也不轻易接受社会主义的唯物主义。有人或许确实想知道,如果当年卡尔·马克思没有拜倒在大卫·李嘉图的脚下,而是更多地受了威廉·布莱克学说的影响,那么其思想就可能不会对英语世界的知识分子产生更为强大的影响。但是,不管知识分子的情况有多微妙,对一般的美国工人而言,任何一种宣称绝对无神论的意识形态都只能是令人厌恶的。

虽然"革命"和"无神论"将继续作为描述社会主义的负面词汇,但是与所谓的美国个人主义相比,它所具有的集体主义和国家主义的特性则成为其负面形象的核心。然而,这一形象却包含了双重扭曲。一方面,社会主义以宗教的、民主的以及人道的形式强调个体尊严,美国人几乎完全没有看到或欣赏到这点;另一方面,美国传统本身也不是片面的个体主义的，而总是包含着对个体与其共同体之间平衡的考虑。当政治社会的功能退化到仅仅是一个"治安保护"的问题时，圣约共同体与立宪共和主义的传统就被推翻了。

无疑，当一种两分法以这种方式被放大，双方都被扭曲时，人们开始怀疑投射心理机制的存在。那些"顽固的个人主义者"谴责所有形式的集体主义，尤其是无神论共产主义，被视为邪恶的化身。他们或许将其自身的从属性需求与对共同体的需求、无情的压抑和否定自我投射到了他们所谓的敌人身上。我相信，就算20世纪的共产主义国家被认为犯下了恶劣的罪行（然而，对于世纪历史的进一步考察就会发现这种罪行并不仅仅发生在这些国家），那些美国右翼恐怖的反共主义，以及将各式社会主义者甚至自由主义者等都视为共产主义的倾向，意味着依赖与独立、团结与自治的平衡遭受了重创。这些平衡是任何成熟的个体或社会的组成部分。这种病态的妄想可能是一种症状，但并不是它所宣称的美国主义，而是美国主义的扭曲和变态。

5

通过对美国历史上社会主义确实得到响应的那些瞬间的快速回顾，上述关于社会主义不受欢迎的原因分析得到了证实。19世纪30—40年代的各种社会主义，即罗伯特·欧文（Robert Owen）和查尔斯·傅立叶（Charles Fourier）的理论，引发了人们浓厚的兴趣，它们在任何暴力意义上都不是革命性的；它们很容易被宗教和唯心主义哲学所调和；而且它们都对个体的自治给予了高度重视。亨利和

第五章　美国关于社会主义的禁忌

威廉·詹姆斯的父亲老亨利·詹姆斯的一段话让我们至少品味了当时社会主义完全本土化的味道。詹姆斯是斯维登堡（Swedenborgian）的先验论者及傅立叶主义的社会主义者。关于财产问题，詹姆斯在19世纪50年代初写道：

> 社会主义谴责在人类进步发展到一定阶段之后的有限财产制度。相反，它需要一种无限的财产，也就是在宇宙的本质和人类所有的感情和思想中的一种无限财产。谴责社会主义有破坏财产的倾向是愚蠢的。它实际上只是意图摧毁全部有限的和传统意义上的财产，对所有这些财产的占有不是依据主体任何内在的禀性，而只是依据外部的监管或习俗。甚至对于这样的财产，社会主义也意图仅仅通过和平地取代它的方式来摧毁它，即通过让主体拥有整个地球，或者给予与他内心和无限本质相称的财产。①

在南北战争的第一个夏天，詹姆斯应邀去罗德岛的新港做独立日演说。在那个历史的重要时刻，他选择了用社会主义的形式表达了他的原教旨美国主义（Fundamental Americanism）：

> 许多人似乎认为我们国家的主要特点在于能够促进私人财富的快速积累，对此我从未感到自豪。有更多的人在我们的制度下比在任何其他地方都更富有，这对我来说似乎不是一个

---

① F. O. 马蒂森编，《詹姆斯家族》（*The James Family*, Knopf, 1948），第53页。

特别值得称赞的事情……

不，在异国他乡想起自己故乡依然心潮澎湃的人从来都不是有钱人、有学问的人，也从来不是任何光耀历史的名人，因为几乎在每一个国家都可以令人欣喜地找到与我们自身相媲美的小物件和所有令人感到乏味的事件；让我们有这样感受的，只是这个国家的抽象的人（性）。这种人不被传统所影响。对他来说，传统的人仅仅是一个发端，要我说，这个人在人类历史上头一次发现自己与其他任何人同等的权利。他同时渴望并努力获得比以往更加自由，更加深刻的有关他本质的文化。

文字抹杀生命，而只有精神才能赋予人生命；唯独在欧洲和美国之间存在着不可否认的精神层面的差异，正如我们在宪政体制中所整理和表述的，我们所有形式上的差异也都归因于此。正是我们的宪法结合了我们，也就是说，我们政治生活的独特呼吸结合了我们，让我们否认人与人之间的一切差别，让我们忽视身份，让我们拒不承认古老的神圣的特权，让我们仅仅为了公共的善而立法，不再为了那些从精神上将人们区分开来的出身、财富或者文化的机遇而立法，而是为了那些"社会需求"和"依赖"的伟大的共同特征而立法，它们将人类自然地连接在一起并且坚定地要求这种统一的组织。人类统一的情感，人类独有的原初的神圣感情以及纯粹获得的神圣性（不论我们是谁）是我们与生俱来的，是我们一定要重点和友善地坚持的，在需要的情况下，让世界产生共鸣。因为这就是我们的生活，是我们（政治生活）的气息，是唯一使我们有资格生存下来的东西。①

在1870至1880年代期间，南北战争之前的社群主义的社会主义几乎已经被遗忘了。多数撰写这类主题的美国人都在警告人们，欧洲社会主义可能会给美国带来阶级斗争以及毁灭性的革命。亨利·沃德·比彻②看到社会主义"就像纽芬兰的雾一样从大洋东面飘来"。③但是事实上，那些年活跃在美国的仅有的社会主义者只是一小群德国移民，几乎不曾产生过什么重要反响。就像艾伯特·弗里德（Albert Fried）所指出的，德国人鼓吹的马克思主义的社会主义没有效果的原因之一是大多数美国人认为它"缺乏道德维度"。④只有当它以本土的和道德的形式逐渐被采纳之后，它才在20世纪最初十年和20世纪中叶，在美国社会党的外表下，成为美国舞台上一支重要的力量。尽管美国社会党在地方和州一级的选举中大获全胜，作为拥有大众诉求的一种运动，早期社会党的成功与尤金·V.德布斯⑤的人格魅力密切相关，他在1912年的总统竞选中获得了近一百万张选票。拉尔夫·加布里埃尔（Ralph Gabriel）对德布斯的刻画简明地展示了其魅力："德布斯作为一名反复参与竞

---

① F.O.马蒂森，《詹姆斯家族》，第60—61、63、66页。
② 亨利·沃德·比彻（Henry Ward Beecher, 1813—1887），美国公理会牧师、社会改革家和演讲家，因支持废奴制等而闻名。——译者
③ 加布里埃尔，《美国民主思想的历程》，第257页。
④ 弗里德，《美国的社会主义》，第359页。
⑤ 尤金·V.德布斯（Eugene V. Debs, 1855—1926），美国工会领袖，世界产业工人联盟的创始人之一。曾五次作为美国社会主义党候选人竞选美国总统。——译者

选的总统候选人,首先是一个人道主义的社会主义福音的布道者。他强调的是富人的贪婪和穷人的疾苦。"①

德布斯是一位马克思主义者,但他更多地是一位演说家而非理论家。他用一种充满了圣经意象并渗透了美国历史的美国式修辞来介绍社会主义。他触动了新教徒对救世主信念的心弦,例如,他说:

> 工人是社会的救主;种族的救赎者;并且当他们完成其伟大的历史使命时,男人和女人就可以走上高地,用欣赏的眼光看待那片没有主人和奴隶的土地,那片在自由和文明大获全胜中重生的辉煌的土地。②

这时,他将自己的诉求上升到了一个高度道德的层次,总是避开暴力与仇恨,尽管他自己常是暴力与仇恨的话题。他说,"我们内心没有仇恨的位置,除非是对制度……"③而且,他再次指出:

> 如果社会党没有比一个阶级征服另一个阶级更高的政治理想,它就不会赢得任何一个思维健全的人的片刻支持。它也确实不可能为政党获得任何显著的实力和声望。正是社会主义理想崇高的道德价值吸引了来自资产阶级行列的大批社会主义运动的支持者,并让他们对与早期基督徒非常相似的热情保

---

① 加布里埃尔,《美国民主思想的历程》,第358页。
② 简·Y. 图塞伊编,《尤金·德布斯演说集》,第144页。
③ 同上书,第264页。

持忠诚……①

这样的言论也许在一个正统的马克思主义者看来是幼稚的,但是在美国的语境下,它却比任何正统的马克思主义都更有说服力。

6

社会党没有作为一支有效的政治力量在第一次世界大战中幸存下来。它的垮台不过是美国社会主义历史在无数次中断中最戏剧性的一幕。此处当然不是回答"什么出错了?"这样一个棘手问题的场合。我们只能提供一些反思。世界大战以及俄国革命对美国社会主义运动都是一个沉重的打击。社会党反对世界大战,因而远离了使自己声名鹊起的盎格鲁-撒克逊知识分子。德布斯一贯地反对那场战争,但有一段时间他不再是那场运动的一个雄辩的演说家。②他被困扰政党的派系政治所疏远。

在美国人眼中俄国革命把社会主义与外国的革命家象征性地联系在一起。与战前的社会党相比,到1920年社会党和早期的共产党愈发成为了单纯的族群组织。这种发展使得美国的文化区隔和种族隔离在有效的反抗运动道路上设置的障碍愈发清晰可见。知识分子和工人阶级之间的联盟似乎是成功的社会主义运动必不可少的,这种联盟在阶级的差别混合了民族和种族的差别的地方特别难以维

---

① 简·Y. 图塞伊编,《尤金·德布斯演说集》,第22页。
② 尼克·塞尔瓦托(Nick Salvatore)正在写一篇关于德布斯在伯克利的论文,这对于我理解德布斯在此地及职业生涯的其他方面是有益的。

持。具有批判精神的盎格鲁血统的美国知识分子不会轻易转向其他的种族和民族群体，也不会被这样的群体所接受。少数族裔的知识分子则常常被普遍的美国文化所吸引，而把问题留给他们更为不幸的同胞自己去解决。结果是，在欧洲工人中有效的社会主义教育运动在美国很少获得成功，并且（美国的）工会组织将他们的目标局限在短期的经济收益上。此外，在许多移民的社会主义知识分子中占主流的世俗主义也不能被老美国福音派空想社会主义所接受。

美国的共产党从来没有像老的社会党那样赢得广泛的支持。它总是被怀疑由外国势力控制。在20世纪30至20世纪40年代的早期，它已经有选择性地吸引了许多美国人，尤其是那些由于本质上的理想主义而接受他们的政治立场并设法对自己隐瞒斯大林主义现实的知识分子。第二次世界大战后，由于内部的不满和外部的迫害，共产党瓦解了，这是社会主义连续性进程中的又一次重要中断。20世纪60年代，各种社会主义的意识形态出现在新左派的标题之下。在那段时期，随着它对大众的吸引力不断减小，新左派的修辞也愈加激进，就像美国社会主义历史通常的状况一样，它更多是建立在理想主义的热情而非阶级利益的基础之上。共产党和新左派没能将他们的社会主义与任何真正属于美国模式的价值观和态度联系起来，而且他们还用外来的分类模式分析美国社会，所有这些做法在美国社会主义历史的任何时刻都具有典型性。虽然国家的经济制度和它的社会文化生活迫切需要从一种激进的视角进行批判反思，但是上述的失败必然导致美国社会主义的孤立无援，并无建树。

7

我们现在必须要考虑那些自19世纪以来茁壮成长的公司产业制度以何种方式侵蚀了美国的基本价值观和宪法秩序。《独立宣言》和宪法都隐含了对自然财产权利的保障，在宪法第十四修正案中这一权利被清晰地加以阐述。正如我们已经看到的，早期共和国的大部分社会分析家都坚信，私人的生产性财产是自由民基本的经济基础。宪法对产权的保护长期以来被当作是保护工业资本主义免受政府规制的法律屏障。但事实仍是，在美国私人财产的巨大掠夺者不是国家，而是公司资本主义。我们已经从一个个体财产拥有者——农场主、工匠和商人——的国家变成一个以官僚机构工资收入者为主的国家，这个国家依赖于我们无法控制的大量制度结构。家庭农场是美国经济自主的最后一个堡垒，长期以来一直在衰落。在像加利福尼亚这样的农业大州，个体农场主在不断扩张的农业企业面前几乎很难存活。一个农业企业，以税收优惠、补贴供水，以及其他政府援助的方式，可以从国家那里获得的支持远胜于自主的农场主。最终体现在农业领域中的这些事实在经济的其他领域早就存在了。当然，对经济的这种企业化管理已经使我们比从前个体化经济时期更加富足。但是正如杰斐逊、布朗森和惠特曼所担心的，这种状况是否会侵蚀我们共和体制的道德基础？

与私有财产（至少是开国先父所认识和理解的私有财产）的减少相关的是，政治权力主要集中到了企业的手中，这种权力很难被任何形式的民主过程问责。铜矿的露天开采从外部对蒙大拿州的比尤特市构成了威胁，与之相类似的是发生在像旧金山那样的城市中的对社会更具破坏性的露天开采。摩天大楼突然不受控制地激增，其中的许多建筑奇丑无比且与城市的其余部分完全不相称，这带来了灾难性的社会和经济后果。城市作为一个有机的经济区和住宅区的平衡被打破。许多家庭逃离到郊区去居住。与之相伴的是，住宅税一再攀升，其税收用于为现在上下班必须通勤的人提供各类服务。贫困人口和犯罪事件充斥于不断扩大的办公区周围。大量毫无生气的办公大楼取代了唐人街和其他族裔纷扰杂乱的生活。反对的呼声不是没有，可这些建筑物都是由美国银行或者美国钢铁公司这样的巨头出资的。这些公司的巨大财富和力量完全超过了旧金山人民的利益，而且作为美国少有的魅力城市，旧金山已经滑向了东部那些饱受蹂躏的城市的丑陋、嘈杂和绝望之中。

从其一般意涵来说更多属于政治考量的决定，却是在经济考量的基础上做出的，且由私人经济力量之间的平衡来决定。私人利润压倒了公共利益。在当前美国的制度秩序中，没有什么力量能够对这种趋势的蔓延加以适当的限制。工会常常与企业合作，比如在旧金山，建筑行业工会参加了反对建立城市建筑物限高标准的运动。由于资金往往不足以支付他们想要做的工作，监管机构倾向于消极怠工。有时我们还会发现有些机构的雇员就是从表面上它们所要监管的企业中选出来的。这些问题并非是那些相关人员的道德滑坡所致，而是私人权力的积聚是仅有获利的责任而无公共福利责任的必然结果。而且，无论美国历史早些时候可能是何种状况，愈来愈清楚的是，资本的暴政现在已经将我们置于一种最危险的道路上。我们的经济只有通过不断地扩张才能生存下去，无论这样的扩张会带来怎样的生态和社会后果。因此，在任何经济危机期间，都不可能说：我们已经够富有了，我们正在浪费的资源已经够多了，让我们来考虑一下保护资源，更充分地维修现有设备，让我们的生活方式提高质量的同时减少数量。不可能，经济就好像是一个吸食海洛因的瘾君子；只有再打一剂引发经济衰退的利润麻醉剂，才能让我们摆脱这种状态。可是在社会、生态的后果完全摧毁我们的民主社会，更不必说摧毁我们的身体健康之前，我们还可以再承受多少不受控制的经济扩张的打击呢？

我们也不能够忽视我们目前的经济形式对公共道德和共和德性的影响。前面我们已经谈到冲动与节制之间、解放与制度化的自由之间的平衡，因为这种平衡对于一个自由社会是至关重要的。但是我们在经济的核心机构之一的广告业里所花掉的费用比我们用在所有教育机构上的花费的总和都多，其花费更远超过我们花在教会上的费用，这种状况正在系统和持续地破坏着那种平衡。一个世纪前，广告业几乎不能作为一种制度而存在。今天，平均一个美国人在高中毕业之前就已经看过35万条电视商业广告。正如大卫·波特[①]所写：

> ……传统机构一直试图提高个人素质并发展他的社会价值观，尽管这些价值观并不总是被广泛接受。教会试图灌输给人们德性和对他人的关爱——金科玉律；学校则以激发潜能和传

---

① 大卫·M.波特（David M. Potter），美国历史学家，主要研究美国南部，也是妇女史的先驱学者。——译者

授技能为己任……

与此相反，广告在其所有的动力机制中，没有任何寻求改善个人或传授社会实用性品质的动机，除非这些品质的提升与物质价值所可能描述的相一致……基本的事实是，广告正以其巨大的影响力影响着人们的价值观和行为，它永远不能忽视这样的事实，即它最终将人视为消费者，将它自己的使命定义为刺激人们去消费或产生消费的欲望。①

通过无限度的物质索取而获得的那种幸福被人类熟知的任何一种宗教和哲学所否定，然而它却不断地被美国电视所鼓吹。这种做法对于那些拥有资源可以参加这种索取游戏的大部分人来说已经够糟糕了。而对于那些处于我们经济的边缘、只能间接参与这场盛宴的数以百万计的人来说，这实在是太残忍了，其残忍在于他们内心的失望和沮丧，以及放纵暴力的可能性。没有社会可以想象在它们的核心制度如此提倡放纵贪婪的情况下能长期存在下去。我们如此有别于所有其他的人类社会吗？

广告本身是企业资本主义利润驱动的必然结果，但是它的坏影响超出了它自身对文化传递的信息，或者超出了它为传递这种信息所付出的代价。广告费花在了具有最广泛、最强情感影响力的诉求上，花在了电视而不是杂志上，花在了那些迎合放纵暴力、暗示性行为的电视节目而不是那些对成熟的智力和道德敏感性有任何需求

---

① 大卫·M.波特，《富足的人民》(*People of Plenty*, University of Chicago Press, 1954), 第176—177页。

的电视节目上。因此，现代美国的经济体系通过其主要的机构之一的广告业，似乎致力于传播人类的每一个传统恶习，并对这个国家赖以存在的价值观和美德进行无情破坏。

我们应该从这个贪得无厌的经济体系中获得什么样的好处呢？（答案是）繁荣、富足和财富。即便暂时不谈这个对财富分配不均的问题，我们依然可以提出质疑：是不是按照美国社会普遍相信的那样，财富就是纯粹的善，而贫穷就是纯粹的恶呢？我们倾向于将贫困定义为物质上的入不敷出。然而，除了极少部分真正饥饿的人以外，这并不是贫穷让人难以忍受的真正原因。贫穷是一种社会和政治地位，包括了在政治上的弱势，甚至警察对个人生活的干预以及个人缺少伸张自己的意愿和需求的任何有效力量。贫穷不好，主要是因为它是一种无力的状况，而不是因为它包含了赤裸裸的物质需求，至少在美国是这样的。当贫穷是被选择的，是出于某些道德或者宗教的目的而主动接受的一种自愿状态，它常常是一种愉悦而非痛苦的状态，比如瓦尔登湖边的梭罗，和平军团的义工，或者农村公社的居民。在贫穷并不意味着政治乏力和缺乏自我保护的地方，一种物质简朴的生活可能是非常有益的，并且确实被越来越多的美国年轻人所选择。有充分的理由相信，那种质朴的生活，那种在工艺质量而非消费数量中获得愉悦和满足的生活，那种在一个温暖和相互支持的共同体中的生活，将比我们当前占主导地位的、不断加速的消费模式对我们的社会更加健康，无论从生态学还是从社会学的角度上看均如此。但是，我们的经济不可能在大规模转向自愿贫穷的道路上生存下去，不管我们共和国的道德在这样的转变中得到多大提高，我们的经济都一定会施展它所有巨大的力量阻止这种转变。我认为，在促使我将现在的社会状况称为美国第三次考验的几个关键特征上，对贫困的态度是最重要的。

如果我们继续作为一个社会中的自由男女而存在，我不知道某种去中心化的民主社会主义是否能为某种必然的改变提供一个更健康的经济基础。我猜想可以。在从一个坏的制度突然转向一个我们还无法确信它最终不会是更糟糕的制度中，我看不到任何好处。但是在我看来，对于那些看到我们的社会已经到了重要关口、我们目前的经济系统正是造成我们当前困境的主要原因的人来说，该是撇开自由的小修小补，而去考虑是否可能需要更激进变革的时候了。我深信，以菲德尔·卡斯特罗为代表的极左的激进宗派主义分子所鼓吹的社会主义并不是我们问题的答案，这些社会的领袖关于社会主义的观点不同于美国。但我也深信，认真负责的人们关注，我们的社会能否以可辨识的方式承续过去并生存下去，他们现在必须以深思熟虑的态度转向社会和政治的蓝图设计，目的是起草具有深远影响的提案以应对我们所卷入的那些影响深远的问题。我猜想我们的境况将变得非常危急，以至于那些令人敬仰的政治家们将不再理会以往的禁忌，而开始探讨并帮助我们勾画一种美国特色的社会主义。

与老亨利·詹姆斯一起，我们或许可以期待有一天他所说的"有限资产"将被取代，然后我们开始继承"整个地球"。爱默生在写下面这段话时清晰表述了这个议题：

> 只要我们的文明在本质上仍然是财产的文明，围栏的文明，或是排他的文明，它就会被妄想所嘲笑。我们的财富将会

让我们百病缠身；我们的笑声中会渗着苦味，我们的美酒会灼伤我们的嘴巴。只有善好能使我们获益，使我们尽情享用，且可为全人类服务。①

那种开放不是轻易实现的。经济、政治和技术力量的高度集中将严厉地回应任何挑战。即使当那些从美国社会当前的经济组织中获益的人已经对他们自己的视域失去信心的时候，即使当他们日益清楚地看到一味追求财富和权力所造成的灾难的时候，他们也不会轻易放弃自己的权力。不仅需要对当前非理性经济秩序进行清楚的理性替代，而且需要像民主党一样的旧结构或某种新结构的政治组织。这种政治组织，这一运动，必须广泛深入到让来自不同文化背景的数以百万计的美国人发自内心地参与其中。正如老亨利·詹姆斯和尤金·德布斯等人的观点，社会主义者的视域必须再次与道德、宗教乃至政治的视域联系起来。现在我们需要转向考虑更新美国想象力的资源，这是任何社会转型的必要前提和伴随物。

---

① 拉尔夫·瓦尔多·爱默生（Ralph Waldo Emerson），《全集》(*The Complete Essays and Other Writings*, Modern Library, 1940)，第520页。

第六章　新美国神话的诞生

1

在围绕着共和国诞生的弥赛亚气氛中，人们通常将英国或者整个欧洲比作巴比伦，而将美国比作新耶路撒冷。今天我们却听到了将美国称为"巴比伦"的怒喊。在大西洋世界革命形势的背景下，威廉·布莱克对于美国的意义有着深远的富于创造力的想法，他把阿尔比恩（大不列颠岛的雅称）视为一个折断翅膀的"无知老人"，或者试图折断年轻美国翅膀的"无知老人"。然而，革命青年却飞快地变成了无知老人，如今，正是美国自己在束缚发展的翅膀。正如我们已经看到的那样，圣约几乎在确立之时就已被背弃。在很长一段时间内，美国人可以隐藏这个事实，否认背弃圣约。今天，背弃了的圣约是有目共睹的。

1888年，惠特曼说："无论是过去还是现在，美国确实是对人性的所有问题、承诺和推断进行检验或试验的最好案例。"在20世纪70年代，全人类的目光仍然聚焦在我们身上，他们想弄清楚关于新奇性的伟大实验进展如何。历史托付给我们一个重担，情况不容乐观。一个世纪前，惠特曼在《民主的远景》（*Democratic Vistas*）中写下的内容在今天显得更加贴切：

第六章 新美国神话的诞生

历史是漫长悠远的。不管我们如何变换句式的组合，美国未来的问题在某些方面是无边的黑暗。骄傲、竞争、种族隔离、邪恶意志以及史无前例地放纵已经初见端倪。谁能驾驭这庞然大物呢？谁能给这庞然大物勒上缰绳呢？当我们选择炫耀未来时，我们前进的道路上却隐约出现巨大的不确定性以及可怕的致命黑暗。否认下面的事实是徒劳的：民主繁茂地成长为所有果实中最厚实的、有毒的、最致命的果实——并且带来了越来越坏的入侵者——它需要更新、更大、更强和更好的补偿和刺激。

我们的土地是如此地包容（真正是包容万有、不排斥任何东西），在其胸中藏着足以毁灭它们自己和我们所有人的那团火焰。尽管我们国家存在的时间还很短，死亡和衰败却已经逼近我们——并且即便可以阻挡它，它无疑还将继续逼近我们。未来的世代也许永不知道，但是我知道，在独立战争后期……我们的民族距离毁灭曾是如此之近，如此地命悬一线。

即便在今天，在混乱的旋涡中，在表面的粗俗和大量的卑鄙之上又添加了各党派令人难以置信的鲁莽、暴怒、无信仰、完全缺乏一流的舵者和领袖——这个问题，即关于劳工的问题，已经开始像一个深渊一样打开，每年都在迅速扩大——我们的前景会怎样呢？我们在危险的海面上航行，到处是汹涌的激流、纵横交错的暗流和旋涡——都是那么的黑暗和陌生——我们该转向哪里呢？万能的力量似乎已经像耀眼的太阳般在这个国家帝国命运的图表前展开，然而，与之相伴的是许多深层次的内部困难以及人类总体的溃烂的缺陷——他说，嗒！道路漫长，唯一的发展计划将长期随着所有可怕的挫折和情感的迸发而变化。你说,在你的灵魂中,我将是万王之王,光彩夺目,从古至今,轻而易举便使旧世界的王朝和我之后的征服无关紧要——让旧历史相形见绌——我独自开辟洪荒,直至世界末了。如果说美洲大陆这块美地在你们的灵魂中确实是应得的恩赐,那便赐给你们吧。但是,要看到其中的代价,并已经是典型的代价。难道你们认为你们的伟大将会如梨子一样为你们而成熟吗?如果你们想要伟大,就当知道你们必在世纪的长河中世代征服它——还必须为此付出相应的代价。对你们就如同对所有的土地一样,有挣扎、背叛、尔虞我诈、堕落的财富、过度的繁荣、贪婪的恶魔、激情的地狱、衰退的信仰、长期延迟、如化石般的昏睡、对革命无休止的需求、预言、雷暴、死亡、人类及其观念的新设想和新激励。①

今天我们当然迫切需要那些新鼓舞和新规划。当下所背负的这些特殊问题让我们想知道我们的过去。对我们而言,它意味着什么呢?我们当如何利用它呢?1926年,哈特·克兰在写作他的伟大的神话史诗《桥》(*The Bridge*)时,阐述了这个问题的一面:"我诗歌的形式源于过去,其价值和愿景超越了现在,以至于我无法解释我的错觉,在过去和未来注定的命运之间是否存在一种真正的联系?"②然而,从我们现在所知的东西中,出现了一个相反的疑问:在我们

---

① 《沃尔特·惠特曼作品集》(*The Works of Walt Whitman*, Vol. Ⅱ, Funk and Wagnalls, 1968),第256—257页。

② 引自刘易斯,《哈特诗集,一项批判性研究》(R. W. B. Lewis, *The Poetry of Hart Crane, A Critical Study*, Princeton University Press, 1967),第228页。

过去的骄傲、犯罪、软弱和过错之中，是否给了我们力量？是否有一个供以立足的根基？

承认背弃圣约并不意味着我要拒绝美国的过去。我们不是无罪的、我们不是人类的救世主，足够成熟地认识到这一点对我们是有益的。在我们历史上的每个时期都有人试图去拾起这些残篇，试图重新开始，试图根据超验的道德愿景再次建立一个有伦理的社会。这也是我们传统的一部分，如果我们从那里无法吸取养料，我们的前景似乎比现在更加灰暗。

2

今天，美国公民宗教是一个破碎的空壳。从一开始，它就是一个外在的圣约。那本身并没有什么错，因为外在的圣约是必要的。除非我们都是天使，否则外在性的法律和约束对任何一种社会存在都必不可少。但是对于一个共和国来说，仅仅一个外在的圣约是远远不够的。共和国的本性是其国民必须热爱它，而不仅仅是服从它。这种外在的圣约必须转变成内在的圣约。这种转变在我们的历史上已经发生过很多次。在一系列宗教和道德的复兴中，外在的圣约已经被赋予了意义和忠诚。即便内在的意义和忠诚经常遭到背叛，真正的成就已经被保留下来。比以前好的是奴隶制已经被废除，妇女拥有了投票权。但是内在的圣约从不可能被政府机构所完全把持，它的生命是精神的生命且有其自身的旋律。

然而，我们今天面临的不单单是那种精神旋律陷入了低谷，就像我们之前很多次面临的那样。我们面临的问题也不是外在的约仍然在发挥作用，只是在等待再次被一种新的虔信手段所充实。外在的圣约已经被其最负责任的公仆所背叛，更糟糕的是，这些公仆中的一些人，包括最高层的那些人，甚至都不知道他们背叛了什么。我们也不能够低估在理查德·尼克松第二任总统任期内，那些被公开的、由一小撮邪恶的人搞出的一系列事件所具有的影响。那些被怀疑的人似乎并不明显比其他美国人更邪恶。一个共和国的领袖们不再理解圣约的基本原则。这种情况会发生，是因为腐败和背叛的历史已经影响了整个社会。

新英格兰清教徒确信背弃圣约是不会不受惩罚的。林肯在他的第二次总统就职演说中提到了国家因蓄奴制而招致的惩罚。要看清上帝做工是不容易的。但是，对于背弃圣约的惩罚可不可能正是使我们变成这个世界上最发达、最先进、最现代的社会？正如我们在前面章节中所看到的，那些形容词（指发达、进步、现代）所指向的是彻底的毁灭——对我们所居住的大自然的彻底毁灭，对我们与其他人连接纽带的彻底毁灭，对我们内在精神的敏感性的彻底毁灭。具有讽刺意味的是，我们遭受的惩罚正在于我们的"成功"，而这在历史上也不是第一次了。①

如果我们经济和技术的进步已经把权力交到了那些不对任何民主进程负责任的人手中；如果这些进步已经削弱了我们的家庭

---

① 也许我们能够同意马克斯·霍克海默（Max Horkheimer）的观点，我们所需要的"不再是加速的进步，而是从进步中跳出来"［der Sprung aus dem Fortschritt heraus］。引自马丁·杰伊（Martin Jay），《辩证法的想象，法兰克福学派与其社会研究所的历史》（ The Dialectical Imagination, A History of the Frankfurt School and Institute of Social Research, 1923—1930, Little, Brown and Company 1973），第 157 页。

及邻里关系,使每个个体变成了动态的相互竞争的成功者;如果这些进步已经破坏了我们的道德并剥夺了我们的传统——我想这些已经是事实了——那么我们就必须考虑要转向别处。很自然,在需要的时候,我们应该回归传统。但是我们同传统的关系却是模糊不清的。这也是本书的主题。一方面,无论我们来自什么宗教或伦理组织,我们同传统的联系已被19世纪的现代化进程极大地侵蚀了。因此,任何与传统的现存联系都是极其珍贵的。但是另一方面,也正是传统以诸多奇特的方式促成了我们当下的境况。因此,我们对传统的再次借用必然在某种意义上是"否定性地"——批判地——认识到整体性的破碎,认识到成功中的失败。首要的是,任何对传统的再次借用都必须建立在完全认识到我们当下失败经验的基础上。在这些意义上,一种真正的借用就是直接反对在大众媒体上怀旧、感伤、无批判地展示传统。他们将传统当作治标的方法,而我们却需要把传统作为刺激重生的手段。

3

在本书的每个章节中,对传统的描述一直都是批判性的。但是,或许我们还要再用几页的篇幅来详述这种否定性,因为这对于接受我们的历史至关重要。包含所有歧义的"成功"一直都是主旋律。也许我们需要把失败看得更清楚一些。如果我们想在未来获得自由,我们必须记住我们宁愿忘记什么。

在美国,失败不是一种普遍的经历,或者也许我应该说它不是一种多数人的经历,并且已经有许多方法用来缓和它的后果。当形势变得严峻时,罗杰·威廉斯①可以去罗德岛,乔纳森·爱德华兹可以去斯托克布里奇。就此而言,摩门教的历史是最具有启发性的。②耶稣基督末世圣徒教会是19世纪最大和最成功的社群实验,其历史几乎是整个国家历史的典范。由于在纽约州和俄亥俄州备受侵扰,早期的摩门教教徒在约瑟夫·史密斯③的带领下移居到密苏里州。在遭到密苏里州驱逐后,他们在伊利诺伊州建立了繁荣的挪弗城。随着其先知遇害和挪弗城被烧,他们在布莱汉姆·扬④的领导下,在严冬启程,翻山越岭,在犹他州建立了一个新的锡安(耶路撒冷)。在那里,他们建立了一个独立的、自给自足的农业社会,这个社会只是非常松散地接受美国政府的管制。在19世纪80年代,他们最终在犹他州也被击垮,在主流社会至高无上的权力面前失去了他们的经济独立性。然而他们却再一次适应了环境,通过心甘情愿地接受自身的经济边缘化而在更大的社会中站稳了脚跟。今天,他们几乎已经从记忆中抹掉了这段遭受一连串

---

① 罗杰·威廉斯(Roger Williams, 1603—1683),英国清教徒神学家,较早提倡宗教自由和政教分离。他作为清教徒领袖被驱逐,是美国第一个浸信会教堂的成员。——译者

② 1953年我在新墨西哥州的一个摩门教社区做田野,那时阅读了大量有关摩门教历史的书籍。最近我有机会读了一本至今还未出版的有关摩门教的著作,马克·莱昂内(Mark Leone)的《摩门教的演化》(The Evolution of Mormonism)。我的评论部分受惠于莱昂内教授,他也非常热心地对我的初稿提出了一些建设性的意见。

③ 约瑟夫·史密斯(Joseph Smith, 1805—1844),美国宗教领袖,摩门教和后期(末世)圣徒运动的创始人。——译者

④ 布莱汉姆·扬(Brigham Young, 1801—1877),后期圣徒运动的领袖和美国西进运动的殖民者。——译者

迫害和打击的最具毁灭性的经历，这种经历是在美国政府手下的任何共同体都从未遭受的。

其他人就没有这么幸运了，他们不得不更加毫不退缩地面对失败。在南北战争中，南方是我们国家中仅有的直接遭受现代战争摧毁的地区，那是19世纪最大且最具毁灭性的战争之一。当一种无法忘却的失败感萦绕在南方人心中时，有两种对立的策略缓解了这种失败感：一种是对"失败原因"的感伤和颂扬；另一种是对侵略者的认同，这种认同使得美国南方人成为美利坚帝国最具民族主义和军国主义特质的支持者。威廉·福克纳也许是20世纪仅有的能与霍桑和梅尔维尔并驾齐驱的小说家。然而，在他的作品中，美国南方人的这种挫败感已经升华为对悲剧的真正理解。他的作品并没有花很多篇幅去描述实际的军事失败，而是不惜笔墨地描述了贪婪的商业价值在战后的胜利。福克纳描写了人们对土地的掠夺、一个固执地处于困境的农民阶级的覆灭、南方中上阶层腐朽的价值观。这些描写超越了特定的南方情境，而普遍适用于整个美国。①

毫无疑问，在美国的历史上正是少数族裔——印第安人、黑人、墨西哥裔美国人和亚裔美国人——最深刻、最苦涩和最持久地感受着失败的苦楚。仅在过去的十年中，我们才开始部分且模糊地注意到那些失败所具有的精神意义。当然人们对彻底失败的反应不一而足。其中一种反应是轰然解体，而其精神上的表达是一种无言的怒吼。美国历史不时传出这种从黑暗中的尖叫。另一种反应就如南北

---

① 参见克林斯·布鲁克斯（Cleanth Brooks），《威廉·福克纳：约克纳帕塔法世系国》(*William Faulkner: The Yoknapatapha Country*, Yale University Press, 1963)。

战争后的南方那样，认同侵略者并戏仿其统治制度内最糟糕的方面。压迫往往（使人）丧失人性，隐瞒这一事实不会带来任何好处。但是也可能有第三种反应。面对失败，人们可能试图建立并维持某种共同体，这种共同体不但是为了肉体上的生存，而且是为了在与社会压迫形成的鲜明对比中确立人类价值的典范。这种努力可能是失败多于成功，但是即使失败也是有意义的。有很多例子可以拿来讨论，但是我想从中选取一个来讨论，其目前的存在也许是反对美国历史进程最确凿的证据，那就是美洲印第安人。

分析第二次伤膝河战役①应该是有意义的。面对怀疑，它努力创建共同体，它试图将理想主义与绝望结合起来，它见证了压迫者与被压迫者的共同腐败以及克服重重困难实现人类价值的悲剧英雄主义，凡此种种都是美国历史的缩影，但是这恐怕需要用一整本书才能讲完。所以，我愿意选取一个相对简单，但并非不具代表性的拉里·卡瑟斯之死的例子。②

拉里·卡瑟斯是一个就读于新墨西哥州大学的年轻纳瓦霍人。1973年3月1日的早晨，他进入了盖洛普市市长弗朗基·加西亚的办公室，用枪指着市长的头。他挟持市长进入附近的一个体育用品商店，在那里他迅速地被警察包围。市长跳窗逃跑，拉里·卡瑟斯被

---

① 伤膝河战役，也称伤膝河大屠杀。1890年12月29日，由福赛思（James W. Forsyth）率领第七骑兵团对印第安人苏族（Sioux）的部落拉科塔（Lakota）进行的屠杀。伤膝河战役在美国历史上是一个标志性的事件。持续了三百年的印第安战争由此画上了一个句号。——译者

② 我关于拉里·卡瑟斯（Larry Casuse）生命与死亡的解释是以卡尔文·特里林（Calvin Trillin）发表在《纽约客》（The New Yorker, May 12, 1973）上的文章《美国杂志：新墨西哥州的盖洛普》（"U. S. Journal: Gallup, N. M."）为基础的。

警察开枪击毙。我们并不清楚这个曾经爱好和平的年轻的纳瓦霍人当时脑子里想的到底是什么。或许他想挟持市长作为人质来就盖洛普的印第安人问题进行谈判，或许他只不过想要羞辱一下那位市长，以向经常受辱的印第安民众表明官员也不过是人而已。毫无疑问，如果他的意图是谋杀，他本可以轻易地得手。一些目击者认为他的行为从一开始就是在自杀。

拉里·卡瑟斯在盖洛普土生土长，青年时期才开始努力学习纳瓦霍传统。他逐渐着迷于纳瓦霍部落关于自然与人类和谐共存的理想，而这与美国社会呈现的那种理想完全背道而驰。他成为新墨西哥州大学印第安人社团基瓦俱乐部的主席，并将这个社团的旨趣指向恢复传统印第安人的思想以及改善印第安人在美国社会中的状况。拉里和他的朋友们对纳瓦霍族"虚伪之人"的概念非常感兴趣。"虚伪之人"指非常无情及虚伪的人，他们几乎不能被当作是人。盖洛普市长弗朗基·加西亚正是这种虚伪之人的最好例证，因为当他是一个为印第安人服务的酒馆老板时，他也是一个酗酒项目的主席。当他被提名为新墨西哥州立大学的董事时，拉里·卡瑟斯去圣达菲做了反对这个提名的证词。他对那些参议员说："这个人是纳瓦霍酒馆的老板，在这个酒馆里诞生了无数的酗酒者。然而具有讽刺意味的是，他又是酗酒康复委员会的主席。他不是在滥用酒精吗？他不是在滥用酒精向醉酒的人卖酒吗？这些醉酒的人结局常常是因为过度饮酒而入狱或是进了停尸房。"①

---

① 《纽约客》，1973 年 5 月 12 日，第 127 页。

当加西亚的董事提名在1月份被立法机关通过后,拉里·卡瑟斯非常痛苦。这可能导致了3月1日的对抗。拉里死后,基瓦俱乐部发表了一份写给"全人类"的声明:"真正的问题不是像国家媒体似乎暗示的谁枪击了谁,而是为什么拉里·卡瑟斯如此心甘情愿地牺牲自己的生命,只为了与全世界交流他的梦想,即人类与孕育万物的大地、整个宇宙乃至全人类统一的梦想。"① 我们可能同意拉里·卡瑟斯死于他悲伤地发现在当时社会环境中缺少他所想要的那种共同体的观念。但是我们也必须质询为什么他的行动完全违背他自己的理想。他犯了一个典型的美国式错误,就是把自己的共同体定义得太绝对了,过于极端地将非人的"虚伪之人"与"人类"区分开来。

我们说过,在美国,失败不是一种多数人的经历。美国历史常常被作为一个伟大的"成功故事",而且这个故事中大部分内容都是真实的。但是人们却常常被迫关注获取成功的手段,而很少关注成功是否有更广阔的意涵。大约在世纪之交,威廉·詹姆斯警告过我们这种强迫性全神贯注的陷阱,他称之为崇拜"不择手段的**成功**"(bitch-goddess SUCCESS)。但是美国人从不愿意听关于陷阱的事。当他们着魔般地重申自信和胜利的主题时,他们对失败有难以抑制的恐惧,并且宁愿从他们的意识中消除任何"负面的想法"。然而在20世纪最后的几十年中,运用那种形式的精神控制变得日益困难。如我前面提到过的那样,失败的阴影不是出现在某些边缘地带,而恰恰在我们所谓的成功中显现。一个除了军事胜利外一无所

---

① 《纽约客》,1973年5月12日,第131页。

知的国家最近不得不两次接受和谈，不是因为我们真的被打败了，而是因为我们过于陶醉于自己的力量，致使我们进入了一种难以维系的状况："胜利"的代价是如此巨大，以致无法承受。那种认为我们的力量允许我们成为世界警察的幻觉现在已经消失，而我们逐渐意识到，我们在世界上的相对实力正在下降。

但是，更为严重的是我们在国内所面临的内部问题。到处都是经济衰退和社会瓦解的迹象，这主要是由我们长期热衷于经济发展而很少关注其他事务所造成的。经济自身似乎对新经济学的"精雕细琢"或旧经济学的粗放政策反应迟钝。由于我们的错误和失败越来越难以否认，所以彻底崩溃的幽灵已经隐约出现。如约翰·温思罗普曾警告的那样，我们的确可能"葬送在远渡重洋才拥有的这片美好的土地上"。又或许我们仍然可以直面这个深渊以获取一些智慧。这个深渊一直都在那儿，只是我们在美国长时期坚决拒绝去面对它。

当然，并不是所有的美国人都拒绝面对深渊，即便主流社会亦如此。清教神父们非常清楚地意识到黑暗是人类存在的一个重要组成部分，即使到了进步的乐观主义势如破竹的19世纪，也还是有一些人看到了事情的真相。许多伟大的艺术家的个人经历向他们揭示了，他们的同胞却茫然无知。比如在1859年，南北战争蓄势待发之际，霍桑看到了"在我们下面到处都是黑暗的深坑"。他说："最坚不可摧的人类幸福只不过是盖住这些深坑的一层薄薄的外壳，它的实在仅能承受我们踩在其中的虚幻舞台。无需地震，只需要比通常状况下踩得重一点儿，就能露出这个深坑。我们必须小心在上面走,才不会在某个时刻踩破这个薄壳。我们迟早将沦陷。"[1] 1876 年,梅尔维尔在描述一个母亲和一个孩子幸福的家庭场景时评论道:"这样的场景下藏着的是深渊;是无人愿去探查的幽暗采石场。"[2] 也许他当时想起了近十年前的某一天,他 18 岁的长子在他自家的房间里开枪自杀。但是,尽管霍桑和梅尔维尔在个人的悲剧上有如此深切的感受,个人的悲剧也不过是一个更大的社会悲剧场景的一部分。他们两人都为社会的前景而深感忧虑。梅尔维尔表达了对即将到来的"民主的黑暗时代"的担忧,由于新世界太过突然地体会了旧时代的痛苦并感受到未来发展所受到的阻滞。于是,人们将听到悲伤的怒吼,"人类的新世界已不复存在!"[3] 梅尔维尔已经预言了美国从新耶路撒冷到巴比伦的转变。

梅尔维尔和霍桑能够将他们自己的失败、他们自己虚无的体验变成伟大的艺术作品。他们的作品不只是个人的成功,也是社会的成功,因为作品显示了即使是这个刚刚草创的新国家也有可能理解悲剧。今天,我们如何才能够将笼罩在我们头顶上的失败、孕育于我们"成功"之中的失败变成理解和行动呢? 为此,我们也需要传统中充满活力的、积极的部分。它更接近于霍桑和梅尔维尔,而不是我们。我们需要像他们一样认识到,传统中消极的一面和积极的一面并不是完全对立的。只有借助悲剧意识才有可能以史为鉴。但是,对霍桑和梅尔维尔而言,传统依然是鲜活的、复杂的,这就如

---

[1] 纳撒尼尔·霍桑(Nathaniel Hawthorne),《玉石雕像》(The Marble Faun, Signet Edition, 1961),第 122 页。
[2] 梅尔维尔,《克拉瑞尔》,第 52 页。
[3] 同上书,第 483—484 页。

同他们自身与传统的关系一样。而对我们来说,传统正在变成某种我们所知道但却并不存在的东西。当我们的知识比以往更为完整和更为精确时,它们亦成为脱离现实、远离我们日常生活的知识。我们的生活主要被一种持续的商业文化所控制,这种商业文化只是对任何传统的一种拙劣模仿。于是,我们需要考虑的不仅仅是什么能吸引我们,还要考虑我们如何将它真正变成自己的。

4

我认为,第一步,我们必须重申外在的或者外部的圣约,这包括最经典形式的公民宗教。《独立宣言》《人权法案》和宪法第十四修正案从来没有得以完全施行。当然,在效忠誓词中,"自由和公正与我们同在"这句话并不是真实的描述。但是尽管我可以理解像加里森一样的人的感受,即应该拒绝如此虚伪造作的文件,我也宁愿循着韦尔德的路线并坚持它应当得以施行。就算它们从未被完全施行,它们也不是完全无效。如果它们所保护的自由主要是消极的,主要是抵御侵犯,这种自由依然是获得任何更全面自由的不可或缺的条件。正是由于这一原因,在面对当前挑战时重申宪法的原则才如此重要。如果我们允许完全背弃外部圣约,那么我们的任务将无比艰巨:它不但要复兴一个共和国,而且要推翻一个专制政权。考虑到现代世界的技术资源,推翻一种专制政体无与伦比地困难。然而,止步于重申外部的圣约甚至可能最终会使那个目标落空。

保护消极的自由、保护公民权利和公民自由,同时又忽视大量的不公正、贫穷和绝望，最终只能自食其果。消极的自由仅能保护个体不受侵犯，反之，积极的自由实际上为所有人的参与创造条件。杰斐逊将这种积极的自由称为公共自由。它一直是美国政治生活中的一个要素，尽管它的意涵会随着时间的流逝而发生变化。这种更大的自由不仅像消极的自由那样保护个人利益，而且还保护公共利益。这正是内在的或内部圣约的本质。已经发生的复兴、复苏和更新正以此为目的。至少在20世纪，随着技术理性日益占据主流，一种观念逐渐形成，即积极的自由是一个纯粹技术问题，应该留给专家和官僚们去解决。"公共政策"的问题主要被看作工具性的，包括手段的有效运用。然而，抛开作为一个整体社会，尤其是抛开讨论中的公共政策的接受者所理解和内化的某些更大目标，纯粹技术与管理的手段已经一次次地失效了。它们无法解决问题，却只能制造新的问题，就像在城区改造和福利制度这些案例中所显现的一样。我们再次发现，作为我们成功基础的"自主的"技术理性本身蕴含着我们覆灭的种子。

这并不是技术理性本身有问题，而是它脱离了更大的宗教和道德背景的事实本身。技术理性永远无法告诉我们最终的目的，我们所需要的公共自由总是与终极目的（*telos*）有关，即作为一个整体社会有意义的那种目的。但是我们如何能够知道那个终极目的呢？社会学、经济学、政治学，甚至法律和政府都不能够告诉我们，尽管我们可能希望它们的知识都源于此。我们可以通过两种方式认识终极目的。一种方式是通过传统，或者通过概括群体最深层次体验的部分传统和神话。神话讲述了那些亲历者的故事，他们被认为是神圣的，因为他们揭示了现实是什么，以及在与现实的关系中我们应当如何行动。另一种方式是通过理性,但不是技术理性,而是那种给予我们整体知识的、更为全面的理性。这种理性可以称为先验理性或者迷狂理性。我们可以引证柏拉图对"善"的想象,斯宾诺莎对上帝理智的爱,或者爱德华兹和巴克斯对人类以及所有生命的爱作为迷狂理性的例子。①

在我们自己所处的这样一个时代,当我们失去方向感时,当我们不知道我们的目标在哪里时,当我们的神话失去了它们的意义,且全面的理性被销蚀成只依靠计算的技术理性时,需要一种富有想象力的愿景的重生。面对这样一种境况,想象力有时候能够与神话和迷狂理性相融合以提出一种新的愿景、一种新的方向和新的目标。这种新愿景并非与旧愿景毫不相关——这就是为什么传统如此重要;但是它们又不完全等同——这就是为什么必须把迷狂理性包括在内。

考虑到技术理性占据了主导地位,可以设想我们的社会将承受想象力愿景严重匮乏的痛苦。精神空虚确实普遍存在于我们社会中的许多领域,但是如果我们观察得更仔细些,我们看到的将不是荒芜,而是大量相互竞争的愿景。在20世纪60年代末,我们看到一种可以与大觉醒时代相媲美的精神涌动。虽然那个时期的文化革命似乎已经过早枯萎了,但是新的宗教团体却在持续激增,这些宗教团体往往信众较少但很热情。

---

① 参见乔纳森·爱德华兹(Jonathan Edwards),《论真美德的性质》(*The Nature of True Virtue*, University of Michigan Press, 1960),以及第20页以下关于巴克斯的段落。

5

随着已经确立的宗教团体的持续衰退,新兴的宗教运动拥有一个共同特征:它们对当代美国社会持有一种悲观的看法。尽管各种宗教的来源和象征各不相同,且精神敏感的程度也存在巨大差异,但大多数宗教不仅具有批判性,而且都包含着末世启示或者千禧年式的论调。尤吉·巴赞(Yogi Bhajan)的众多追随者将现代视为长达两千年的双鱼时代(Piscean Age)最后的退化阶段,新的水瓶时代(Aquarian Age)即将出现。印度教克利须那派(Hare Krishna)唱弥撒的神父认为这个世界正处在物质主义的迦梨时代(Kali-Yuga)的尽头,这是四相循环中的最后一个周期,并预言和平和幸福的新世纪即将到来。休斯敦的马哈拉吉吉[①]的追随者的全球大会被称为千禧年73。[②] 除此之外,许多五旬节和耶稣会团体按照圣经的语言将现在视为耶稣再来之前的末世时期。

这种末世启示性的论调远远超过了这些宗教团体本身。它影响了当代美国许多世俗的批判者。世俗的批判者与宗教的批判者在对"当下的美国怎么了"这一问题的回答上有着许多共同点,不管他们是把新时代看作"身体的感知""感受性的训练",还是社会主义

[①] 马哈拉吉吉(Prem Rauat, 1957—),别名 Guru Majaraj Ji,印度裔美国人。现代印度新兴宗教活动"大知识"(Knowledge)的提倡者。——译者

[②] 千禧年73(Millennium '73)是神圣光团(Divine Light Mission)于1973年11月8日至10日在美国得克萨斯州的休斯敦举办的为期三天的宗教庆典活动,这是当时15岁的印度教大师马哈拉吉吉领导的一个新兴宗教运动。——译者

第六章 新美国神话的诞生

革命。虽然他们可能具有异域的背景，但是所有这些对当下的批判都是某种传统的一部分，该传统可以一直追溯到美国最初的移民一代。不论是否意识到，保持延续性的另一个要素是那种认为他们是幸存者的想法：他们是一个从更大规模的、注定要毁灭的社会中被唤醒去开启一个新时代的民族。

对美国社会批判的大部分内容是众所周知的。美国被视为在"炫耀权力"或者"自我满足"上被物质主义冲昏了头脑的国家，它试图将其意志强加于自然、其他社会以及自我的内心深处。本书中所讨论的美国社会的各个方面，诸如技术理性的支配、成功的理想、僵化的官僚机构的控制等都经常被这些批评家提及。但是有一些批判家走得更远，他们不仅拒斥现代的美国，甚至拒斥整个西方传统。他们拒斥圣经宗教信仰，相反，他们从南亚或者东亚起源的宗教中寻找信仰。这么做意味着，他们拒绝了圣经中上帝的观念以及作为宗教活动主要形式的顺从神的观念。他们宁愿强调神秘启示的经验，在其宗教活动中寻求克服所有的二元论并寻求发现自然和宇宙的统一。他们否认处于圣经宗教信仰核心的上帝与自我之间的显著差异。他们中的许多人还否认人类是自然的主宰、男人是女人和孩子的主宰等这些圣经宗教中所培育的观念。对于后一方面所提供的证据是模棱两可的，因为男权主义常常也是东方宗教信仰的一部分。但西方人常将他们所看到的东西视作这些传统中对性关系的明确启示，这些性关系更少地被男性所主导。当西方女性禅宗大师在日本被任命时，尽管没有传统意义上的授权，但也没有任何反对。如果圣经传统被拒绝了，那么希腊传统也一样被拒绝。在西方宗教中的希腊元素之一就是，必须给予人们的信仰一种清晰理智的解释，这一点对于那些已经接受东方宗教崇拜的人而言并没有吸引力。东方宗教更侧重于直接的体验，无须反思性智力的调节。东方传统也有他们的智识传统，但是在美国的今天人们已经很少把重点放在学习经典上，而更多地放在冥想的练习上。

就像我们已经看到的那样，在美国对东方宗教的兴趣可以追溯到19世纪早期，但却从未有数目如此众多的人不但通过阅读典籍成为了专家，而且专门进行艰苦的练习。东方宗教信仰的追随者仍然微乎其微，全美国也许不到百分之一，但是他们来自一个至关重要的群体。他们大体上来自美国年轻人中享有特权的、受教育程度最好的阶层。他们包括那些一直被期许能在传统的职业生涯模式中胜出的人。相比于那些被新形式的基督教社团吸引的人来说，践行东方宗教律令的人对已确立的美国经济和政治制度持明显的否定态度。他们中的许多人已经选择群居的方式，并且选择非专业性职业以实现所在集体的自给自足。许多人转向手工劳作或者工艺品制造，在乡村共同体生活的人则从事农业。他们在排斥主流经济系统时，也排斥了大众文化，创立了他们自己的艺术、音乐和庆典。通过所有这些方式，他们清楚地表明了对美国社会主流趋势的反对。

东方宗教信仰的追随者在某种意义上是20世纪60年代早期以来一直活跃在美国的激进政治团体的同伙或避难者。尽管他们采用了不同的策略，但是他们却对美国的社会与文化有着大致同样的分析。在既有的更为古老的宗教群体中，那些逐渐对传统宗教性不满的人也可能被分化为选择直接的政治活动和力图创建新的宗教团体这两类人。犹太教、天主教和新教的信徒在他们伦理需求信念的指引下参加直接的政治活动,就像贝瑞根斯家族(the Berrigans)[1]和威廉·斯隆·科芬[2]的例子一样。其他教派则在发现近期美国时局的动荡后,引导(信众)去强化他们特殊的宗教承诺。虔敬派对年轻的犹太教徒的吸引力,就像五旬节教派和基督教福音派运动之于天主教徒和新教徒一样。他们常常并不赞同本教派活跃分子激进的政治观点,他们也倾向于退出主流社会,建立独立的社会和文化飞地以等待更好的机会。

这种精神的骚动并没有威胁既有的秩序,但却标志着美国文化主线的改变。如今,正如以往的美国历史一样,只被内心敏锐的人听到的依然微弱的声音可能预示着整个社会发生翻天覆地的变化。主流的自由功利主义文化已经多次受到挑战,但是或许从未被这么多的政治和宗教替代物所挑战。虽然说对技术理性的信仰已死并不正确,但是它已经承受了一连串的猛烈冲击。长久以来,许多美国人已经开始感觉到我们的问题不只是源于一种错误手段的选择,更是源于我们核心愿景的失败。他们探索一种新的或者复兴的愿景,并求助于世界上各种宗教中伟大的神话和象征。在人本心理学以及在哲学、人类学、文学批评和宗教研究的涉及神话与象征的意义和功能的某些领域中,都有一种向全面的理性或者整体的理性的回归以及对直接经验的重新强调。这一趋势使得,与之前长时段的情况

---

[1] 其代表为德里阿尔·J. 贝瑞根斯(Derial J. Benigans, 1921—   ),美国天主教神父,反主流文化的和平主义者、诗人。——译者
[2] 威廉·斯隆·科芬(William Sloan Coffin, 1924—2006),美国基督教牧师,20世纪60—70年代美国民权与和平运动的领导者。——译者

相比，受教育的人更可能借用宗教传统。①

正在发生的许多事情可以按照新教皈信/圣约的模式来加以理解——即使不使用它们的语言。但是现在出现了对宗教想象力源头的复兴，这种想象力已经枯竭了两个世纪。大多数复兴都源自新教传统之外——源自东方对直接体验和与自然和谐相处的强调，源自天主教对共同体和神圣生活的强调，源自犹太教对在灾难中持守信念的经验。但是，千禧年的论调、对社会的伦理批评以及对自己将是承载未来的幸存者角色的坚持，所有这些都和美国新教经历中的核心主题完全一致。②

6

尽管有这些来自旷野的声音，美国社会仍在滑向深渊的边缘。新的发展也并不是完全没有问题。

我认为在对美国进行社会批判时，我们必须区分其核心和边缘。位于核心的实际上是那些以严肃认真的方式试验新形式的共同体和象征性表达的人。然而更多的人，也许是整整一代人中的大多数人已经受到对旧秩序批判的影响，但却没有接受任何新的可替代

---

① 参见罗伯特·N. 贝拉《超越信仰》(*Beyond Belief*) 第三部分。我无意暗示，在当下的文化处境中盗用传统宗教象征符号带来的诸多严重问题已经全部得到解决。

② 这部分的许多论述是以圣弗朗西斯科海湾地区关于青年人宗教意识的研究为基础的，这一研究是由查尔斯·格洛克（Charles Glock）和我自己指导下的一个研究团体在1971至1974年间完成的。

的规训。对他们而言，批判的修辞可能只是简单强化了狭隘的个人主义以及对自我利益的关注，而这些正是旧美国传统的阴暗面。但是现在它们几乎没有了道德约束，因为先前的社会辩护已经失去了合法性。一些美国社会的批判者为社会中所有规范秩序受到的侵蚀而欢呼，并视其为"革命"的前奏。我并不这么认为。如果我对现代历史的理解是正确的，就犬儒主义和道德上的无政府主义而言，无论它是表现为无产者针对人身和财产的犯罪，还是境遇较佳者对利己主义的操控，那么它即便不是法西斯主义的前奏，也可能是独裁主义的前奏。那些将我们社会中所有公认的惯例——所有继承下来的对家庭、朋友、工作和国家的责任——批判为"资产阶级"的人，可能正在种下苦果。在社会发生巨变期间，总会出现一定数量的唯信仰论和无政府主义。但巨变的时代同样也是一个有巨大风险的时代。任何一个读过20世纪历史的人都会看到，社会变迁可能更好，也可能更坏。

我称为"核心群体"的那些人实际上正试图在生活中实践新的愿景，由于他们确实在寻求冲动与控制、活力与规训之间的新平衡，而不是放弃所有的控制与规训，所以他们给予了我们希望。但是这里同样也存在问题。最近几年，混杂在一起的城乡公社、政治和宗教集合体、教派、宗派以及教会如雨后春笋般出现，且有着许多有趣的发展。体力劳动与脑力劳动、工作与庆典、男性与女性特质之间的新平衡已经被实践。与自然和自身和谐相处、对人对己多一点"温柔"少一点强硬的态度、接纳情感（包括软弱和绝望的情感）的能力、容忍个体多样性的意愿，所有这些都已被重视并被实践。在本书其他地方我曾指出，与圣经宗教指向天上的神相反，新的宗教信仰似乎都或隐或显地指向地上的神。

不像天父的宗教信仰那样，这个传统将自然赞颂为母亲。天上的宗教信仰强调生活中父系的、等级制的、律法主义和禁欲主义的方面，而地上的传统则强调生活中母系的、共有的、表意性的及喜乐的方面。天上的宗教信仰认为父亲、教师、统治者和上帝通过法律、控制或者武力实行外在的控制，而地上的传统则与宇宙的和谐、心灵感应和占星术的影响相一致。在社会上，（地上的传统）不是通过非人格化的官僚机构或者孤立的核心家庭来表达自己，而是通过集体、公社、部落以及大的扩散家庭来表达自身。①

这些新宗教信仰所强调的在很大程度上只是旧信仰的翻版，这带来一些问题。大多数"反主流文化"正在使存在于当下但被旧美国文化压抑的部分得以重现，而且大多数反主流文化的追随者拥有存在于自身但又被自身所压抑的所有旧特征。那种实际上以个体和社会存在的新形式加以试验的意愿是最宝贵的。那些无生命的理念几乎很难奏效。不过，有人可能会怀疑切近于我们问题的一种综合仍未达成。与反主流文化所容许的相比，可能有更多的旧圣经文化需要被包含到美国的新模式中去。耶稣运动也没有做这种综合，因

---

① 罗伯特·N. 贝拉（Robert N. Bellah），《迷途之家——美国人宗教方面的危机》（"No Direction Home — Religious Aspects of the American Crisis," in Myron B. Bloy, Jr.），见《寻找神圣：新的精神追求》（*Search for the Scared: The New Spiritual Quest*, Seabury, 1972），第 68 页。

为他们还没有真正地将新的挑战吸收进他们所继承的文化中。

采取新形式的生动试验是当代美国仅存的几个有希望的事情之一。我们可以从中学到很多东西。但是结果并不尽如人意，而且将小群体模式推广到整个社会的可能性微乎其微。例如，近期对权威新模式的试验似乎表明，与19世纪相似的共产主义试验一样，群体越主张平均主义，其生命力越短暂。毫无疑问，拥有强大的领袖、毋庸置疑的权威、仪式以及伦理规范的群体似乎更可能长久存在下去。这种权威模式在群体内部可能相当有压迫性，但是由于其成员可以离开群体回到更大的社会或者去找到一个更为志趣相同的群体，所以他们潜在的专制主义受到了限制。但是如果美国在马哈拉吉吉的领导下或者按照上帝之子的章程组织起来，前景将不容乐观。

去中心化和共同体决策本身对更大的社会而言是一种宝贵的经验，这种标志着小群体的实际存在的社会主义也不能简单推广到整个国家。社区对于重新组织大规模的工业、技术和科学没有提供什么思路，但如果我们想要在第三次考验中存活下来，这些工业、技术和科学是必不可少的。

新群体最有价值的贡献在于对经验和实践的重视，但是这对于我们面临的更大的智识问题并不是特别有助益。对我们社会严肃的智识批判必须建立在比大多数新团体所做的分析更加全面的基础之上。他们可能带来全面理性的复兴，这种全面的理性让我们形成一种对社会终极目的的全新认识，但是他们不可能独立创造这种复兴。尽管被吸纳的诱惑是巨大的，但是他们对大众文化的摒弃仍然令人钦佩。他们所做的仅仅是激励产生一次更大的文化复兴。最终，他们的关注点是个人的、地方的、普遍的而很少是国族的；而我们许多最严重的问题只能在国族层面上加以解决。

虽然当前的群体试验是宝贵的，但是它不能够独自解决我们的问题。只有一种全国运动才能够解决我们的问题，这里我并不是指一个单一的全国性组织。这种运动将有政治的（我相信是社会主义的）一面，也会有智识的和宗教的一面。无论我们可能希望什么，国族共同体控制着我们的命运，并在某种程度上控制着世界的命运。作为美国人，我们的道德义务是不放弃在国族层面上的努力。就像我在全书中一直主张的那样，批判的美国人不应该将美国理想主义的传统完全托付给沙文主义者。现代国家的历史表明，片面的理性政治是不够的。如果不唤醒灵魂，如果不激发一种国家理想主义（甚至那些自称唯物主义者的人也已经认识到这一点），没有人可以改变一个伟大的国家。文化对于革命来说至关重要，而宗教对于文化来说至关重要。除非我们有关于人类的新愿景，有关于人类可能性的新认识、有关于自由秩序和建构自由的新构想，否则即使我们赢得政治斗争，我们也不知道我们想要的是什么。没有这些，政治上的胜利即便可以实现，也难以持久。

7

美国目前的精神状况不容乐观。一个多世纪以前当梅尔维尔谈到无着陆（landlessness）时，他曾这样谈及我们的状况："富有崇高理想的还是汪洋大海，它宽广无垠，像上帝一样——所以与其被屈辱地抛到下风地带，还不如在呼啸的极地毁灭，即便下风地带十分安全。"① 无着陆是一种"在海上漂浮"的状态。这正是我们现在所处的状态,并且暴风雨即将来临。如果暴风雨能将我们从假装的天真中唤醒,使我们看到世界的本来面貌并不是像我们盲目希望的那样,那么这就有可能是解放的开始了。我们当然需要一场新的"大觉醒运动"。从残存的对重生希望的信念中,当今的美国针对皈信的内部变革以及对一种内在圣约的复兴比以往任何时候都更为迫切。这项伟大的试验可能会彻底失败,而且这种失败会给美国乃至整个世界带来黑暗的后果。

我们不应该被最近美国对技术理性的崇拜所吓倒,以至于再次产生无所不能的错觉。我们对早期清教徒教义仍记忆犹新的是,千禧年是由上帝而非人类带来的。最重要的是,美国人不但需要学会如何等待,而且需要学会如何行动。我们已经全身心地投入到这个错综复杂的世界中,以至于我们已经失去了善的愿景。我们需要再次看到愿景并拥有梦想。但是就像柏拉图很久以前写的那样,善的愿景并不能将我们从洞穴的生活中解救出来。信仰不是功利主义的,但也不是逃避对有用性的寻求。

我们不知道未来将会怎样,而且我们必须放弃我们能控制未来的幻想,因为我们知道它不仅有赖于我们的行动更有赖于神的恩典。当认识到死亡的现实时,我们最终可能会回到温思罗普的圣经训谕:

让我们选择生命。

---

① 梅尔维尔,《白鲸》(*Moby Dick*, Modern Library, 1950),第 105 页。

后记　宗教和美利坚共和国的合法化①

公民宗教：术语与概念

1967年我发表了一篇至今令我难以忘怀的文章。②我在该文中提出，在美国存在一种叫作公民宗教的东西。我的观点既激起了情绪化的反对，亦得到了广泛的赞同。对此一观念的反对意见众说不一。反对者声称并不存在公民宗教这种东西，是我发明了一种并不存在的东西。一些人说这种东西确实存在，但是它本不该存在；另一些人说这种东西确实存在，但是它应该被命以他名，比如"公共虔信"（public piety），而非公民宗教。于我不幸的是，我的支持者们则更是众说纷纭。"公民宗教"这一术语不胫而走，其内涵远远超出了任何一个融贯一致的概念，或者至少超出了我以此术语所曾意指的一切。也许最常见的反应是提出这样一个令人困惑的疑问："是，

---

① 本文原刊于美国《社会》（*Society*, 15, No. 4），第16—23页。Copyright © 1978 by transaction, Inc. 此处出版获得了版权公司的授权。（本章的翻译参考了孙尚的译本，收录在苏国勋、刘小枫主编的《社会理论的知识学建构》第三卷，第161—181页，上海三联书店2005年版。——译者）

② 罗伯特·贝拉，《美国的公民宗教》，《代达罗斯》1967年冬季刊，总第96期。重印于贝拉的《超越信仰：后传统世界中的宗教文集》。

似乎确有其事，但它到底是什么呢？"在专门从事美国研究的专家中则是另外一种反应："我们早已耳熟能详，贝拉所说的了无新意。"接下来，他们可能还会含混地提及托克维尔。但是，除一两个特例外，在概念的澄清方面从专家们那里得到的东西很少。我愿意试着再次澄清这个非常棘手的问题。我要着重阐述的是，对公民宗教的困惑根植于对美利坚合众国本质的困惑中，而要真正澄清美国公民宗教的本质，必须将美利坚合众国的改革考虑进来。

我必须承认，我应该为我选择的"公民宗教"一词所引发的困扰承担部分责任，这个术语远比我当初所认识到的更有倾向性和煽动性。现在，我认为选择这个术语是幸运的，而由此引发的争论亦是富有成效的。像"政治宗教""共和国宗教"或者"公共虔信"这类更为中性的术语不会像具有两千年历史反响的"公民宗教"那样不可避免地引发深度的经验性歧义。

从表面上看，还有什么会比谈论公民宗教更自然的呢？它已经成为从柏拉图到卢梭以来共和政府的理论家们倾力关注的主题。国父们已经阅读了这些理论家的大部分著作并且开始关注这个问题，尽管他们从未使用过这个术语。① 之所以现在出现了难题，是因为在这两千年的大部分时间里，公民宗教和基督教之间一直存在着深刻的相互反感，乃至水火不容。至于历史上共和政府与基督教之间

---

① 当本杰明·富兰克林在1750年题为《关于宾夕法尼亚州青年教育的提案》(*Proposals Relating to the Education of Youth in Pennsylvania*) 一本小册子中谈论"公共宗教"时，他已接近此观点。参见拉尔夫·凯查姆（Ralph L. Ketcham）编的《本杰明·富兰克林的政治思想》(*The Political Thought of Benjamin Franklin.* Indianapolis, Ind.: Bobbs-Merrill, 1965）, 第55页。

是不是不存在一种相互反感的问题，我在此无法深入探究。自古以来，绝大多数基督教政治理论家都认为君主专制是最好的政体（基督教的宗教象征似乎更具有君主专制而非共和制色彩），同时，伟大的共和理论家们——马基雅维利、卢梭甚至托克维尔——则怀疑基督教是否可以产生好公民。① 奥古斯丁在《上帝之城》的开篇中声讨敬拜伪神的罗马"公民神学"以及建立在错误理念之上的罗马共和国，由此它们最终根本不会成为联邦共和国。卢梭在为共和国的公民宗教（而非基督教）的必要性进行辩护时写道："基督教是一种纯精神的宗教，一心只专注于天上的事物；基督徒的国度是不属于此世的……试想你那基督教的共和国是在和斯巴达或者罗马面对着面吧：这些虔诚的基督徒将被击溃、被粉碎、被消灭……然而，当我说一个基督教的共和国时，我已经错了：因为这两个名词是相互排斥的。基督教只宣扬奴役和服从。它的精神太有利于君主专制了，以致君主专制经常从中得到好处。真正的基督徒被造就出来就是做奴隶的，他们知道这一点，可是对此却无动于衷，这短促的一生在他们的心目中太没有价值了。"② 而从我们的历史一开始，我们就是那种互相排斥的东西——一个基督教的共和国（塞缪尔·亚当

---

① 1843年9月5日托克维尔在给戈比诺的一封信中写道："在我看来，在基督教道德体系中，人类自身的责任与他们作为公民有能力对其祖国承担的责任，简言之，公共德性还没有得到充分界定，而且被完全忽视了。"引自约翰·卢卡斯（John Lukacs）编译的《欧洲革命与戈比诺的通信》(*The European Revolution and Correspondence with Gobineau*, Garden City, N. Y.: Doubleday Anchor, 1959)，第192页。

② 让·雅克·卢梭，《社会契约论》(*The Social Contract*, trans. Willmoore Kendall, Chicago, Ill.: Gateway, 1954)，第四卷，第八章，204—223页。（中译文参考了《社会契约论》，何兆武译，商务印书馆2003年版。——译者）

斯甚至将我们称为基督教的斯巴达)。或者，我们曾经是这样？基督教从来就不是我们的国教，我们也没有严格意义上的卢梭式公民宗教——一套简单的宗教教义，每个公民要必须遵从它，否则就会被流放。我们曾经拥有什么？我们现在又拥有什么？这正是我们要讨论的问题。

宗教与政治

　　教会与国家之间的张力深藏于基督教的历史中。非宗教国家的观念非常现代也非常可疑。在西方历史的大部分时间里，某些形式的基督教已经被确立为国教，并为国家提供了"宗教上的合法性"。但是，在那个简单的公式下面存在着宗派、阴谋、痛苦、张力，时不时还会出现杀戮、反叛和宗教战争。在大部分历史时期，国家控制并利用了躁动不安的教会，但是却从未摧毁它们对彻底效忠国家的抗拒。有时，教会控制了国家，利用它达到自己的目的，并将其属灵的忠诚世俗化为一种宗教民族主义。我所描述的出现在历史舞台上的一切宗教中，基督教与其他宗教并没有什么区别。[①] 即使那些本质上似乎更为政治化的宗教，如伊斯兰教和儒教，在其大部分的历史中也卷入了与国家权力不安和不幸的联盟中。与最早的四位哈里发相比，所有的穆斯林统治者至少都隐约被宗教共同体视为非法。与古代的圣王相比，所有的中国皇帝在儒生们的眼里都缺少根

---

　　① 参见罗伯特·贝拉，《宗教演化》("Religious Evolution", *American Sociological Review* 29, 1964)，第353—374页。重印于贝拉的《超越信仰》。

本的合法性。

正是基督教的精神性和超世俗性为消解这种其他历史宗教并不常有的张力开辟了一条大道，这就是功能分化和领域的分化。然而，还不曾有哪个方案消解了奥古斯丁和卢梭所描述的那种潜在张力。任何一种解决方案的倾向都是：要么把宗教变成国家的奴婢，要么把国家变成宗教的奴婢。

不过，在西方历史上却时常有弥合这种分裂、创建一个真正的基督教共和国社会的强烈渴望，在那种社会中没有基督徒和公民灵魂的分裂。在15世纪的佛罗伦萨，萨伏纳罗拉（Savonarola）有过这样的梦想，16世纪德国的重洗派教徒（Anabaptists）以及17世纪英国内战中的一些小宗派（sectarians）也有过这样的梦想。这些实验中的大多数都是非常不稳定的，它们更多地证明而不是驳斥了卢梭关于基督和共和之间互斥的论断。然而，约翰·加尔文16世纪在日内瓦创建了一个城市，这个城市以一种前所未有的有机方式将基督教和共和制结合在一起（并且令人惊奇地支撑了卢梭自己的共和理论）。教会和国家并未融合；事实上，形式上的区分被清楚地保留着。然而基督徒和公民最终不过是同一个东西的两种说法。更能说明这一点的是，17世纪的新英格兰殖民地就曾经是相对意义上的基督教共和国。例如，在马萨诸塞州只有基督徒可以成为公民，尽管教会并未控制国家，而且教会和国家分别由各自的成员进行管理。虽然这类经验的现实在18世纪早期就已经烟消云散了，但是开国先父们对此记忆犹新。

在法国大革命之后的数十年间，德国青年黑格尔的公民神学体现了到18世纪末依然存在将基督徒和公民两个概念统一起来的强烈愿望。[①] 这些充满活力的思辨既是黑格尔成熟的政治理论的指导原则，尤为有趣的是，它们也成为马克思关于人和公民的思想的指导原则。

是否有可能从某种意义上说，既没有国教也没有传统公民宗教的美利坚合众国就是一个基督教共和国呢？或者，我是否应该称它为一个"圣经"共和国，在那里《圣经》宗教事实上就是公民宗教？那是否意指我们是"一个有着教会灵魂的国家"呢？[②] 像以前一样，答案既对又错。美国对教会和国家之间问题的解决是前无古人、独一无二和令人困惑的。我想从外在的思辨和介绍像"公民宗教"这类有倾向性的术语转向理解传统自身的方面上来。

国父们的工作

今天，对这个领域所有问题近乎巴甫洛夫式的反应就是"政教分离"。一旦这种说法被"隔离墙"这个不幸的杰斐逊式的概念所强化时，它便显得尤为有害，它似乎提供了一个清晰的解决方案，但实际上它所制造的困难比它所排除的还要多。要记住的第一件事是，"政教分离"这个术语并没有宪法依据。第一修正案第一条款写道"国会不得制定关于确立宗教的法律"。关于这一条款的解释有悠久的历史，我不想在此赘述。但是这一条款显然并不意味着，也

[①] 参见雷蒙德·普兰特（Raymond Plant），《黑格尔》（*Hegel*, Bloomington: Indiana University Press, 1973），第一章。

[②] 参见悉尼·E. 米德（Sidney E. Mead），《教会之魂的国家》（*The Nation with the Soul of a Church*, New York: Harper & Row, 1975）。

从不意味着美国政府对于宗教或者教会没有任何兴趣或考虑，就此而言，它当然也不意味着政治和宗教毫不相干。① "隔离墙"的概念在某种程度上引出了那些论断，它歪曲了美国对宗教理解的整个历史，它也引出了诸如宗教团体不应获得免税权、立法机构不应该以祷告开始工作等相当荒谬的论断。给国父们的初衷进行这样的解释，对于共和国的本质这一问题，不仅是一个历史错误，而且还是一个政治错误。对第一修正案第二条款"不得制定禁止自由信仰宗教的法律"的检视应该从消除对这种极端分离主义立场的扭曲开始。

　　宪法在禁止确立国教的同时，亦保护宗教信仰的自由。另一个通用说法"宗教自由"所指的就是第二条款，它经常被用来概述美国对宗教的看法。"宗教自由"这一说法也明显地来自杰斐逊，因为他曾强调，他在弗吉尼亚为"建立宗教自由"所草拟的法案是他最想被世人记住的三件事之一。"建立宗教自由"这种说法虽然没有被宪法确定下来，但却阐述了宗教信仰自由的条款，并暗示了在此领域积极的制度化。事实上，宗教自由或信仰自由是控制性观念。禁止使某一个特定的宗教为国教是必要的，因为它会侵犯宗教自由。即便如此，今天宗教自由这个概念被政教分离的概念所吞噬也并不是罕见的现象，因为自由在这里和在别的地方一样都被以一种纯粹消极的方式加以解释，就像自由派哲学传统喜欢做的那样。于是宗教自由仅仅成为信奉你喜爱的任何神或根本不信奉的权利，其

---

① 值得注意的是，当宪法禁止任何州建立非共和形式的政府时，第一修正案却不曾禁止各州确立宗教。

隐含的意思是,宗教是对政治社会没有任何兴趣或关切的纯粹个人的事。我将要指出,"建立宗教自由"的意涵要比上面所说的内容丰富得多,事实上,它具有一种强大的积极的政治意义。但是解释的困难并不完全取决于分析家的心智。尽管很多时候这是一个根据20世纪晚期的宗教思想来揣摩国父们的想法的问题,但问题并不局限于此。解释的困难源于美国的政治经验和美国政体本质上的某种模糊性,这种模糊性可以追溯到共和国的形成时期。

基本的模糊性源于在传统和现代共和国可识别的关系中,我们是不是依靠共和国内在的精神品格和习俗来形塑共和国公民身份,以及我们是不是一个依靠人工机巧和平衡各种利益冲突来进行治理的自由立宪政体。我们向往的是鱼和熊掌两者得兼,即在一个自由立宪国家的政治结构中保留共和国的修辞和精神。在这样做的过程中,我们模糊了每一个必要的政治考虑,包括宗教在我们公共生活中的位置。事实上,我们巧妙地将宗教作为规避我们政治生活不和谐因素的手段。因为只要宗教团体在公共生活中占有至关重要的位置,这种规避(至少部分上)就是成功的。今天,当宗教甚至比其他机构更无法把握自身走向的时候,这种规避也就不再站得住脚了。不过,我已扯得太远了。

从亚里士多德到马基雅维利再到孟德斯鸠,这些伟大的政治哲学家(他们对开国先父们有重要的影响)都相信一种政治体制体现了一个民族整体的生活方式,包括它的经济、习俗和宗教。生活方式的形成与社会塑造出的个人类型及这种个人固有的政治能力有关。如孟德斯鸠所说,一个专制的社会必有专制的习俗——对权力的专断,下级对上级的依附、奴役——那必会产生主要受恐惧感驱使的人，这正是专制政体所需要的那种对象。但是一个共和国必有共和的习俗——公众参与行使权力，公民的政治地位平等，中小财产的广泛分配且罕有极富与极贫者——这些习俗必会带来一种公共精神，一种公民为了公共利益牺牲自己的个人利益的意愿，也就是说，这些习俗必会产生受共和美德驱动的公民。期望一个长期习惯于专制主义的民族去创建一个成功的共和国就如同让一个生活在共和政体的民族去忍受一个专制政体一样荒谬。然而这些模式并不是一成不变的。确实有一种每况愈下的潮流和趋势——好的习俗日益败坏，共和政体变成专制政体。既然诸共和国可以说都有堕落的倾向，那么一个共和国若要长治久安，以教化公民之方式积极地关切自身，根除腐败和鼓励美德就成了它的当务之急。共和政府由此承担了一种伦理的、教育的乃至精神的角色，只有在它能再生产出共和习俗和共和公民时，它才能长治久安。①

然而，更为新近的政治组织形式却部分地是为了应对新近出现的经济秩序而发展出一种迥然相异的政治生活理念，虽然它是在近代共和主义的温床上成长起来的，我却称之为自由宪政主义。尽管

---

① 让·雅克·卢梭，《波兰政府》(*The Government of Poland*, trans. Willmoore Kendall, Indianapolis, Ind.: Bobbs-Merrill, 1972)，第29—30页，此处对那些信奉自由但没有为之做好道德准备的人表示了轻蔑："我嘲笑那些甘愿受煽动者蛊惑，对自由一无所知却敢于大谈自由的卑贱之士；由于他们心中做奴隶的劣根性还那么深重，他们认为要获得自由，只需桀骜不驯地反叛就行。自豪吧，神圣的自由！这些不幸的人，但愿他们了解她，但愿他们理解赢得她和保持她的代价，但愿他们知晓她的律法之严苛正如暴君的枷锁从不那么坚固，若然，则他们那病态的心灵——那必须连根拔除的各种激情的奴隶——必会比害怕奴隶制强烈千百倍地害怕自由。他们必会怀着恐惧之情逃离她，一如他们必会逃离那行将压碎他们的重累。"

它被现代哲学史上一些最不屈不挠的思想家，如霍布斯、洛克、休谟和亚当·斯密等系统阐述，这个传统似乎形成了政治思想史上最疯狂的乌托邦思想，也就是说，当仅受公民个人利益驱动的行为通过适当的机制加以组织时，一个好社会就得以产生了。作为守夜人的国家被法律适当限制着，这样它就不会干涉公民的自由。它只需要维持公共秩序，并允许理念上的市场经济机制和自由市场去生产财富和智慧。

共和主义和自由主义不仅政治理念不同，而且是截然对立的。只关注个人利益正是共和美德败坏的定义。自由国家对个人生活尤其是个人经济生活方面的强调暗中破坏了对共和国来说至关重要的公众参与。自由社会生产的财富对于共和国的基本政治平等是致命的。然而，美国政体从一开始就是一个共和政体和自由政体的混合物，从来就不是纯共和政体或纯自由政体。但是，共和时期首先从革命斗争中产生，并体现在《独立宣言》的文件中。自由时期则在复杂工作期间从新国家的诸多利益中形成，并体现在《宪法》中。由于在《独立宣言》中有自由主义的元素，在《宪法》中也有共和主义的元素，所以尽管上述区分过于简单，但它却从一开始就暗示了二者间的平衡从来就不是轻而易举的。《独立宣言》在好几处重要的地方提到了上帝，而《宪法》则一处都没有。于是，宗教正好作为调节美国政体内部张力的手段。

共和国早期的宗教

在共和国早期，宗教有两个重要的定位：新政治体制的上层建筑和基础结构。《独立宣言》指的是宗教的上层建筑的位置。所谓上层建筑,我指的是那种居于国家主权之上的核心主权。关于这个超凡主权的最引人注目的认识也许出自麦迪逊之手,1785年他在弗吉尼亚建立宗教自由法案的论争中指出:"每个人都有责任给予造物主这样的崇敬,而且仅在他认为这一表现可被接受时。这一责任在时间顺序和义务轻重上都优先于公民社会的权利主张。在任何一个人被视为公民社会成员之前,他必须被看作是宇宙主宰的臣民:如果说公民社会的一个成员进入任何一个次级的联合时,总应当对普遍权威履行其所保留的责任,那么每个成为特定公民社会成员的人,就都更应当拥护宇宙主宰、尽其忠贞。"① 在此,麦迪逊将自己限定在上帝对公民个人的超凡主权之内,这个超凡主权优先于政治社会的主权。

当《独立宣言》开宗明义将"自然法与自然神"置于人类律法之上并加以评判时,它就已将上帝的主权置于政治社会集合体自身之上。人们常常断言自然神并不特指《圣经》中的上帝。这引发了18世纪思想界有关自然宗教与《圣经》宗教之间关系的论争,虽然我无意涉足于此,但是杰斐逊接着指出:"我们认为这些真理是不言而喻的:人人生而平等,人人都享有上帝赋予的某些不可让与的权利,其中包括生命权、自由权和追求幸福的权利。为了保障这些权利,才在人们中间成立政府。而政府的正当权力,则系得自被统治者的同意——如果遇有任何一种形式的政府变得有损于这些

---

① 此处引文出自詹姆斯·麦迪逊1784年在《反对宗教征税评估的请愿抗议书》中反对宗教评定的文字。——译者

目的的话,那么,人民就有权利来改变或废除它。"在此,我们明确地看到了《圣经》中的上帝,祂绝不只是自然的第一原理,祂创造了每一作为个体的人,并赋予他们以平等和基本的权利。

至此,引入超凡的政治主权,即上帝作为美国政治生活的永久特征一事意义深远,因为上帝位于国家之上,祂的意志成为评判国家的标准,而且事实上只有据此才能判定国家存在的合法性。尽管华盛顿和杰斐逊并没有往前更进一步,但是他们都在最庄严的公开演讲中,比如就职演说和华盛顿的离职演说中,重申了《独立宣言》中的语言。共和国的政治生活中存在最高层次的宗教象征证明了在美国存在一种公民宗教的断言。尽管我已经说过美国的公民宗教无疑是制度化的,但我也必须说它是形式上的且在某种意义上是边缘性的。说它是形式上的,乃因为它的教义贫乏,而且相当抽象,虽然在这一点上它与卢梭的公民宗教非常接近;说它是边缘性的,乃因为它在法律和宪法程序中得不到官方的支持。正是在这一点上,我必须再次指出,在美国宪法中根本没有提到上帝,因此也没有提到公民宗教。没有任何人在法律上必须履行公民宗教教义的信仰,而且也没有公民神学的官方解释者。由于我刚刚指出的形式性,也确实很少有关于公民神学的解释,尽管在美国历史的重要关头确实至少产生了一位伟大的公民神学家——亚伯拉罕·林肯。

美国公民宗教的边缘性与我们遗产中的自由面向及其最重要的表现形式——宪法——密切相关。这一面向导致很多人否认在美国存在或应该存在公民宗教。确实,从自由主义政治思想的观点来看,不需要甚至或许不应该存在公民宗教。国家是一个没有任何目标或价值的纯粹中立的法律机器。它唯一的功能是保护个体的权利,也就是保护自由。然而自由在纯词源上似乎是自由主义一个不可化约的推论,不管其定义多么具有否定性和个体化(individualistically),自由确实隐含着一种目标和价值。既然我相信纯粹的自由主义是一种归谬法(reductio ad absurdum),且在社会学意义上是不可能之事,在此我将至少找到一种理由来证明纯粹的自由主义国家从未存在过,以及为什么在美国共和主义的修辞和实质在某种程度上总是那么不太容易与自由主义协同共存。

从共和主义的观点来看,公民宗教恰恰是必不可少的。作为一个公民积极参与的政治共同体,共和国必须有一个目标和一套价值体系。共和传统中的自由是一种积极的价值观念,坚信政治平等和全民政府的价值和尊严。一个共和国必须努力在积极的意义上合乎道德,并引出公民的伦理承诺。由于这一原因,共和国不可避免地迈向一种终极存在的秩序象征,在那里共和的价值和美德具有意义。这种象征可能仅仅将对共和国自身的崇拜视为最高的善,或者以美国为例,它也许就是崇拜一种更高级的实在,正是这一实在,支撑着共和国所追求的价值标准。

不过,一个真正的共和国的宗教需求却很难透过在美利坚合众国已被制度化的、形式性的和边缘性的公民宗教来得到满足。美利坚合众国的宗教上层建筑仅部分地由公民宗教来提供,这一上层建筑主要是由完全置身于任何官方政治结构之外的宗教共同体提供的。正是在这里发现了美国式解决方案的天才性和独一无二性。在1976年的民主党大会上,芭芭拉·乔丹(Barbara Jordan)呼吁创造一个具有伦理的甚至具有精神内涵的民族共同体。这就是塔尔科特·帕森斯所谓的"社会的共同体"(societal community),也就是在欧洲可能被称之与国家（state）相对的民族（nation）概念。在某种意义上它是先于政治的，但如果没有它，国家就只不过是一架施行高压统治的机器。

现在普遍认可，在美国，民族共同体的最早创立要比革命早一代或两代的时间。这是1740年大觉醒的产物，当时宗教复兴的浪潮横扫所有殖民地，并首先给他们一种普遍团结的感觉。内森·哈奇（Nathan Hatch）教授的著作显示，在18世纪的50或60年代，随着他称之为"公民千禧年主义"（civil millennialism），即美国殖民地天佑的宗教意义在世界历史上的出现，这种宗教团结逐渐在宗教共同体内部获得了更多政治性的解释。① 正是具有宗教灵感的民族共同体（national community）引发了美国革命并创建了这个新国家。这个民族共同体，而不是在1789年产生的那个自由主义的立宪政体，才是我所说的真正的共和国。

尽管宪法对公民宗教保持了沉默，但是自由政体从未否定已经内在于《独立宣言》中的公民宗教，而且事实上还让它一直在我们的政治生活中保持活力。然而，从法律制度的观点来看，任何对那种超越于形式性和边缘性的公民宗教之外的宗教象征体系的深入阐述都纯粹是私人之事。而从那种在其自我意识中仍然还主要是宗教性的民族共同体的观点来看，这种阐述即便缺乏任何合法地位，却是公共性的。由此我们便可以像马丁·马蒂那样来谈论与公民宗教有差异的公共神学。美国革命时期的公民千禧年主义就是这样一种

---

① 内森·哈奇（Nathan O. Hatch），《自由的神圣事业》（*The Sacred Cause of Liberty*, New Haven, Conn.: Yale University Press, 1977），特别参见第1章。

公共神学，而且从那以后我们就不曾缺乏过公共神学。

正如许多学者已经开始承认的那样，在美国创立一个民族共同体的诸多问题不会随着立宪政体的确立而减少，从某种意义上说，它反而更加严重了。随着新国家的形成，在革命斗争时期被抑制的分离势力开始大行其道，而民族共同体的意识则日渐衰颓。尽管南北战争引发了一些新的问题，而这对于后来维持一个真正的民族共同体甚至带来了更大的困难，但是从某种意义上说，这个新国家的民族共同体直到经历内战的创伤后才得以完全形成。然而，正如佩里·米勒指出的那样，在共和国早期我们开始创建民族共同体时，宗教复兴主义在某种程度上再次扮演了重要的角色。① 在悉尼·米德所特别强调的启蒙思想与教会之间的复杂关系中，我不想贬低启蒙思想的作用。在我看来，启蒙宗教和伦理体系也是公共神学的一种形式，而且发挥过重要的作用。杰斐逊希望整个民族转向上帝一位论（Unitarianism），作为占统治地位的宗教，这样就可以比实际情形更加紧密地整合公共神学和形式上的公民宗教；这一愿望落空了，公共神学主要是根据《圣经》中的象征系统而得以实现的。

尽管我已经论证了出自民族共同体的公共神学代表了真正的共和国，但是我并不想粉饰它。与所有充满活力的年轻共和国一样，它也有一种自我沉醉的成分，让我们从此承受不祥的后果。那些已经从形式上的公民宗教中消除殆尽的"选民"和"上帝的新以色列"等象征体系，在公共神学中虽不乏批评，却仍相当普遍。公共神学提供了一种价值和目标意义，离开它们，民族共同体，甚至

---

① 佩里·米勒，《美国的精神生活》，第1章。

最终的自由主义国家都无法生存下去，但是关于价值和目标究竟是什么并不完全清楚。一方面，这似乎暗示了在《独立宣言》中列出的价值将被全部实现，但在这个蓄奴制依然合法的国家一定不能完全实现；另一方面，这也可能暗示了美洲大陆的其余部分注定的救世使命。这可能是一个让人清醒的想法，但是在我们的历史上，关于善与恶的大部分观念都源于我们的公共神学。从废奴运动到社会福音运动，从早期的社会党运动到马丁·路德·金领导的民权运动，以及恺萨·查维斯（Caesar Chaves）领导的农场工人运动，任何一种使得美国能够更完全实现其公开标榜的价值观的运动都产生于某种形式的公共神学。但是，每一场扩张战争和对少数族裔及移民群体的各种形式的压迫也同样如此。

在我所定位的公共神学领域中，关于伦理动力最清楚，或许也是最纯粹的表达是由我们最伟大的，或许也是唯一的公民神学家亚伯拉罕·林肯在我们历史的紧要关头提出的有关公民宗教的创见。在葛底斯堡演说中，林肯首先以《独立宣言》首行为立论的基础，号召我们去完成"摆在我们面前的伟大任务"，那是一个看到"自由的新生"的任务以及为全体公民实现共和国立基于其上的所有信念的任务。在他的第二次就职演说中，林肯空前绝后地在他关于无信国度的第一要务是慈善和公义的悲凉图景中，将《圣经》的象征意义更集中地融入到了公民宗教中。

我的目的不是在此评价在我们民族历史上公民宗教和公共神学错综复杂的整个历史，我只是想指出，它们对我们民族生存的某个方面，即对我们作为一个共和民族生存来说是绝对不可或缺的。不过，到目前为止我还只是论述了我所说的宗教在共和国中的上层建筑的角色。现在我将要转向宗教的基础结构的角色。

宗教与公民的诞生

正如我在描述古典的共和国概念时所指出的那样，在这样的政体下不仅有必要主张高标准的伦理和精神承诺，而且有必要形塑、社会化和培育公民的伦理和精神信仰，并将它们内化为共和的美德。然而，当我们检视自由立宪政体时，我们将再一次看到这个领域的完全空白。把国家作为德性的学校乃是自由政体认为它自己最不该干的事，而在这一点上，一个自由政体所不能做的事，作为真正的共和国的民族共同体却能去做。

这个问题部分地通过联邦制加以解决。对于联邦政府不合宜的事，次一级的权力机构却可以合宜地去做。正如在我们大部分的历史中，宗教在地方乃至州一级政府较之在联邦一级政府要更为开放和普遍一样，政府作为教育者，而且作为价值领域的教育者，在次一级的权力机构内因此被广泛接受。罗伯特·林恩（Robert Lynn）已经非常出色地说明了，在19世纪的大部分时间里，麦高菲（McGuffy）的读者是如何传播一种具有宗教和共和色彩的意识形态的，其中包括对公共的善（common good）和参与公共生活之愉悦的有力强调。①

---

① 罗伯特·伍德·林恩（Robert Wood Lynn），《维多利亚中期时代美国公民问答式教学法：关于美国公民宗教过去与现在的一些笔记》("Civil Catechetics in Mid-Victorian America: Some Notes about American Civil Religion, Past and Present", *Religious Education*. Vol. 68, No. 1, 1973），第5—27页。

更有甚者，正像亚历克西斯·德·托克维尔洞如观火般看到的那样，一如公立学校向来都很重要一样，在美国培育共和德性的真正学校是教会。托克维尔指出，宗教是我们首要的政治制度。正是一种共和民主的宗教，不仅向人民灌输了共和的价值，而且给他们如何参与公共生活上树立了榜样。托克维尔指出，较之于国家的法律和物质环境而言，正是风俗为美国民主的成功做出了更多的贡献，而风俗则是由宗教塑造的。像一位经典的共和政府理论家那样，托克维尔看到赤裸裸的利己主义乃是解决共和政体诸多问题的万全之策，而且他将美国人民的商业倾向视为无限制追求自我利益所释放出来的可能性。不过，他将宗教视为强大的限制因素，能够将赤裸裸的自我利益变成他所说的"被正确理解的自我利益"，即一种具有公共精神并能够自我牺牲的自我利益。托克维尔以此方式展示了宗教是如何减轻美国自由主义的全面影响以及宗教是如何让共和制度存活下来的。晚年，托克维尔开始怀疑这种妥协是否最终真能发挥作用，他的这一质疑已经被我们晚近的历史完全证实了。托克维尔的分析在当时的情形下无疑是正确的。这对于理解我们生活于其中的这个奇特的、独一无二的、或许最终缺乏内聚力的社会提供了一条基本线索。

对于宗教在我们所处的这种社会中的作用，托克维尔的发现也得到了共和国开国元勋们的充分理解。这一点很重要，比如说，在新的自由立宪政体下担任我们第一任副总统的约翰·亚当斯在其执政的第一年里这样说道："我们的政府没有能力去抗衡失去道德和宗教约束的人类的各种激情。我们的宪法仅仅是为有道德和有信仰的人民制定的。它完全不适用于任何其他政府。"① 华盛顿在他的告别演说中写道，"在导致昌明政治的各种精神意识和风俗习惯中，宗教和道德是不可缺少的支柱。一个竭力破坏人类幸福的伟大支柱——人类与公民职责的最坚强支柱——的人，却妄想别人赞他爱国，必然是枉费心机。政治家应当同虔信的人一样，尊重和爱护宗教与道德。"我们的第一任和第二任总统已经认识到了一个成功的共和国必须拥有宗教和道德，以及它必须以一个民族的宗教信仰和习俗为基础。这些相当消极的、迂回的、几乎带有辩护性的引证表达出我所讨论的共和主义与自由政体之间的艰难妥协是这个新国家的特征。但它也说明了开国先父们完全理解一个民族的生活方式与他们的政治组织形式之间的关系。

共和国的腐败

仅在几年前，我们已庆祝了共和国成立200周年。因此，不可避免的是，我们必须全面考察一下，看看我们的遗产是不是被很好地理解了，以及还有多少遗产仍在我们的公共生活中发挥作用。我们也许曾经希望在共和国200周年或者最近的1980年的总统竞选中，有具有高度共和特色的教育意义。我们在过去有过这样的竞选。在林肯与道格拉斯的论辩中，这两位才智过人而且对这个至关重要的问题颇为敏锐的伟人，使我们共和国和我们历史中最深层

---

① 引自小约翰·豪（John R. Howe, Jr.），《约翰·亚当斯的政治思想之流变》（*The Changing Political Thought of John Adams*, Princeton, N. J.: Princeton University Press, 1966），第185页。

的哲学底蕴昭然若揭。遗憾的是，在1976年或者1980年的竞选中，我们可谓一无所获。也许那些从几英里外驾车进城去聆听林肯与道格拉斯论辩的伊利诺伊农民和现在坐在自家起居室的电视屏幕前观看论辩的千千万万的人是两种不同类型的民众。也许还有其他的原因。但是，在最近的一些竞选活动中，我们所看到的只是有人含糊地、漫不经心地提到一种大多被误解和遗忘的历史，以及一种似乎注定不肯做一点点深究的、对现实的态度。然而我在此一直探讨的重大主题并未以任何清晰的形式表现出来，而是以对某种东西不确定、摸索和渴求的形式呈现出来，这种东西已经从我们的记忆中滑落以至于我们几乎不知其名。正是我们共和的伦理目的以及我们公民的共和美德，或者不如说，正是这些东西的丧失一直困扰着我们最近的政治生活。

我们的话是为他日他世而说的，它似乎并未说明我们当下的现实。然而我们的政治家和他们的听众都惊异并受困于这种不一致，较少考虑寻找一种新的修辞，而是寻找一个简单的公式使旧的修辞再次贴切。这种简单的公式就是断言我们必须限制、控制和减少政府机构，好像政府机构的大量增加不过是一些偶然事件，而不是我们置身其中的社会的一种符号和征兆。

1976年和1980年竞选中含而未提的问题是，在20世纪晚期美国的社会形势下，我们是否能在某种与共和这一术语一脉相承的历史意义上存活下去。如果我们发现我们国家政体中的共和要素所受到的腐蚀达到了难以修复的程度，那么我们必须考虑一个自由宪政政体是否可以没有共和要素而存活，这个问题对我而言似乎并不难回答，但是我准备听一下相反的意见。最后，考虑到共和制和自由政体在这个星球上短暂而贫乏的历史,我们必须要问,如果我们有勇气的话,如果我们的共和制和自由宪政政体都缺少存活下去的社会条件,哪种权威政体有可能取代它们。也许我们可以从我们共和政体相互攻讦的表象下辨别出等待我们的暴政形式。当然,我希望发现如何去做到马基雅维利所说的所有政治活动中最困难的一件事——改革并重建一个腐败的共和国。但是我们决不能在任何被揭示出的事实面前退缩。

我已经提到了腐败。腐败是一个大词,一个在18世纪的话语中具有确切意义的政治词汇,尽管这个词现在被我们使用得越来越窄且越来越庸俗。在开国先父的语言中,腐败就是共和美德的反义词。正是它毁灭了共和制。我们在今天回忆一下在1787年9月17日制宪会议最后一天富兰克林所讲的话可能比较好。年老体衰、积劳成疾的他在闷热而漫长的费城之夏中一直坚持坐在制宪会议的会场里,因为他的出席对这个新文件的生效至关重要。他就是美国的象征。制宪会议的最后一天,为了文件能够最终通过,他站起来呼吁大家一致同意,说:"先生们,从这种感觉出发,我同意这部宪法,连同它所有的瑕疵,如果它们确是瑕疵的话;因为我们的人民需要一个总体政府,而现在我们还没有,如果政府治理有方,对人民来说也许是个福音。我进而相信,这一次可能天下大治若干年,不过最后还是会以专制收场,就像以前那些共和国一样。当世风堕落到其他任何形式的政府都无能为力时,就会需要专制政府。"① 从这些话中,我们还不能看到一个老共和党人的情感吗?他意识到了新宪

---

① 拉尔夫·凯查姆编,《本杰明·富兰克林的政治思想》,第401页。

法中所包含的各种妥协，但是仍对至少在一段时间里对人们的共和美德可以抵消腐败抱有一线希望。

再次使用这个18世纪的词汇，腐败常见于奢侈、依附和无知之中。奢侈是对物质的追求，它将我们的注意力从公益转移到完全关注我们的私利上去，就是我们今天所说的消费主义。依附很自然地随奢侈而来，因为依附就在于受制于承诺满足我们的物质欲望的任何个人或团体，或我们今天所说的政府性及私人性的团体组织。福利国家里花样繁多的福利恰恰是18世纪的依附所意指的真正典型，我在此指涉的福利即指那些大公司的福利，那些通过特殊的分税方法达到中等收入的大部分人享受的福利，那些依靠巨额军费开支生活的工人的福利，以及那些使得挣扎在死亡线上的穷人不致被饿死的福利。最后，无知，即政治上的无知，正是奢侈和依附的结果。它缺乏对公共事务的兴趣，只关注个人私利，愿意被那些许诺照顾我们但未经我们智识同意（knowledgeable consent）的人所支配。为了评估我们的共和国是否有足够的力量存活下去，我需要探究这些形式的腐败已经对我们整个社会影响到了何种程度。

复兴的源泉

托克维尔对宗教在我们公共生活中的作用做了精彩的社会学分析，所有的开国先父们对这种作用都了如指掌。现在我也需要追随他的分析再考察一下宗教。今天我们的宗教实体能在多大程度上为我们提供国家意义上的伦理目标呢？当然，最近这里有一些引人注目的例子。宗教界对越战的反对当然要比那些将美国这个单词里的"c"拼写为"k"的人对越战的反对更为有效。而且，如果说在最近二十年里我们在保护少数族裔在社会中的地位方面取得了一些重大进步的话，那么这主要归功于宗教的领导。不过，美国宗教生活的平衡是不是正在从历史上关注公益的教派滑向利己主义的和以自我为中心的宗教团体，如托马斯·卢克曼（Thomas Luckmann）的无形宗教的消费者自选模式？而且，地方教会在多大程度上还能继续作为一个培养自律、独立和公共精神，或者换言之，培育具有美德的公民的学校呢？在我们社会最近所经历的巨变中，我称之为软结构的、主要处理人类动机问题的教会，难道不是与家庭、学校一起承受了比我们的其他机构大得多的压力，以至于他们传播良知和伦理价值模式的能力都已经严重受损了吗？我无意说，宗教共同体，包括人道主义的共同体，甚至在今天也不能为我们共和国的革新提供宗教的上层建筑和基础结构。事实上，就像以往历史上"新生"的任何伦理机构都常常需要革新的动力一样，我将指望它们。但是，对我而言，一个经验的问题：这一道德能力是否仍然有足够的规模？其答案似乎是未解之谜。

如果我们看一下我自己所在的共同体，即学术上的共同体，可以说没有太多值得骄傲的地方。正如我们一直把其他一切问题都留给了专家一样，我们也把对基本制度的理解留给了专家，而他们大都没有出色地完成任务。不知何故，我们从未建立起一种对我们的制度内涵进行自我反思的深厚的学术传统，而随着我们制度的变迁以及共和习俗的腐化，甚至连我们曾经拥有的知识也开始悄然逝去。总体上讲，是政治家而非学者肩负了更多自我解释的重担。国父们都是卓越的政治思想家。林肯的政治思想富于天才的想象力，他的文集至今依然是引导我们真正理解我们生活于其中的政治制度的最佳入门书。甚至晚近的如伍德罗·威尔逊和卡尔文·柯立芝总统,他们对我们错综复杂的历史细节了如指掌,而且能理解我们各种制度的理论基础。相比之下,我们却从未产生过一位一流的政治哲学家。唯一一部深刻描述美国政体特征的政治哲学著作出自一位法国人之手。当然,我们还是有不少二流的著作,尽管它们常常有些孤立和偏颇,并且不能算到一个累积性的传统中去,但它们并非毫无出色之处。这些著作包括奥雷斯蒂斯·布朗森(Orestes Brownson)的《美利坚共和国》(*The American Republic*)和雷蒙德·克罗利(Raymond Croly)的《美国生活的希望》(*The Promise of American Life*)。在这个(学术)荒芜的年代,我们必须对我们所拥有的这些著作表达感激之情。看这些著作时,我们就会再次看到我在本文开篇所提及的伟大传统。克罗利引用欧洲裔美国人、哲学家乔治·桑塔亚纳的一段话:"如果一种高尚和文明的民主得以维续,那么普通公民必须具备圣人和英雄的品质。由此可见,孟德斯鸠所谓民主的原则就是美德的说法是多么谄媚悦人并意义深远啊!与此同时它又预示着多少不祥之兆啊!"① 真是不祥之至!在这种语境下,我们可以理解在今天维续伟大传统的凤毛麟角的政治科学家中,哈里·杰法在美国成立200周年时所写下的警句:"恕我直言,1776年美利坚合众国一无所有,但她发誓要无所不有。1976

---

① 雷蒙德·克罗利,《美国生活的希望》(*The Promise of American Life*, New York: Macmillan, 1909),第454页。

年，似乎无所不有的美利坚合众国却发誓要变得一无所有。"①

　　人们几乎会认为，在我们每个百周年纪念的前夕，上帝都会有意惩戒一下我们，以免我们过于趾高气扬。在美国成立100周年之前，祂给我们派来了格兰特；而在美国成立200周年之前，祂给我们派来了尼克松（在他身上，我们或许可以依稀看到等待我们的专制主义的面孔——不是纳粹的党徽和先锋队的专制主义，而是一种策略和行政效率上的专制主义）。现在还不是沾沾自喜的时候。现在是冷静反思我们从何处来以及我们向何处去的时候。

---

① 哈里·杰法（Harry V. Jaffa），《如何看待美国革命》（*How to Think about the American Revolution*, Durham, N. C.: Carolina Academic Press, 1978），第1页。

"社会学名著译丛"已出书目

《帝国的政治体系》　　　　　　〔以色列〕S.N.艾森斯塔德

《马克斯·韦伯与经济社会学思想》〔瑞典〕理查德·斯威德伯格

《社会科学方法论》　　　　　　〔德〕马克斯·韦伯

《污名》(修订译本)　　　　　　〔美〕欧文·戈夫曼

《互动仪式链》　　　　　　　　〔美〕兰德尔·柯林斯

《符号理论》　　　　　　　　　〔德〕诺伯特·埃利亚斯

《背弃圣约》　　　　　　　　　〔美〕罗伯特·贝拉

图书在版编目(CIP)数据

背弃圣约:处于考验中的美国公民宗教/(美)罗伯特·贝拉著;郑莉译.—北京:商务印书馆,2023
(社会学名著译丛)
ISBN 978-7-100-22548-9

Ⅰ.①背… Ⅱ.①罗… ②郑… Ⅲ.①宗教—研究—美国 Ⅳ.① B928.712

中国国家版本馆 CIP 数据核字(2023)第 145157 号

权利保留,侵权必究。

社会学名著译丛
背弃圣约
——处于考验中的美国公民宗教
〔美〕罗伯特·贝拉 著
郑 莉 译
刘 军 校

商务印书馆出版
(北京王府井大街36号 邮政编码100710)
商务印书馆发行
北京中科印刷有限公司印刷
ISBN 978-7-100-22548-9

2023年12月第1版 开本 880×1230 1/32
2023年12月北京第1次印刷 印张 7 1/8
定价:39.00元